御朱印ガイド

家康ゆかりの地と人でめぐる
天下統一の足跡

「徳川」御朱印ガイド編集室 著

メイツ出版

「徳川」御朱印ガイド　家康ゆかりの地と人でめぐる天下統一の足跡　目次

120枚以上の御朱印を紹介！

はじめに

お寺や神社巡りをするときに参拝した証としていただく御朱印。近年、趣向を凝らしたデザインのものや、期間限定のもの、特別な行事の際の記念のものなど、さまざまな意匠の御朱印が増えています。今や寺社仏閣巡りの楽しみのひとつとして欠かせません。

本書ではその中でも徳川家にゆかりのある寺社仏閣の御朱印を紹介し、授与していただける寺社の縁起や徳川家との由縁など徹底的に解説しています。 通常授与される印に加え、イベント記念の限定版やバージョン違いなども掲載。また、行事ごとの御朱印帳や、徳川にちなんだ絵馬などの授与品も紹介しています。

「徳川」御朱印ガイドの決定版として、約120 枚の印を収録しているので、お寺や神社に参拝に行く際、ぜひ一冊持ち歩いて、寺社仏閣巡りを楽しみましょう。

一、御朱印の見方

墨書
寺社名や祀られている神様や仏様の名前、武将名などが墨で揮毫されている（※揮毫とは毛筆で文字や絵を書くこと）。

奉拝
謹んで拝むことで、寺社に参拝したことを意味する。

寺紋・神紋など
寺院や神社にそれぞれ受け継がれてきた固有の紋。神紋は狭義には神社の紋（社紋）とは別だが広義には社紋も含めて神紋と呼ぶ。

台紙も個性的
地元産の和紙や特殊な素材を使った御朱印もある。

授与日の日付は記念日にもなる
御朱印はいただいた日付を書き入れてくれる。いついただいたかがわかるので、後で観光の思い出を振り返ることができる。

札所霊場印など
三十三観音巡礼などの札所の霊場の場合、札所霊場印が押されている。その他、ゆかりのある出来事を表す判や、ゆかりの武将の判などが押されていることもある。

「徳川」御朱印の楽しみ方 二、集め方のコツQ&A

Q1 御朱印とはどんなもの？

御朱印はもともとお寺や神社に参拝した際に納経の証としていただくもの。基本は御朱印帳に手書きしてもらう。コレクターズアイテムやスタンプラリーではないので気をつけよう。

Q2 どこでもらえるの？

主に授与所や寺務所などの受付で授与される。ただし、御朱印目当てにすぐに行くのではなく、まずお寺なら本堂の御本尊、神社なら本殿の御祭神に参拝をしてからいただくこと。なお、御朱印によっては期間限定のものや、領布をすでに終了しているものもあるので、訪れる前に事前に確認しておこう。→領布場所一覧は124ページ

Q3 いくらでもらえるの？

300円で授与されているものが多いが、限定版や見開きサイズの大判の御朱印などは金額が異なることも。寺社によっては、志納金として金額が決まっていない場合もある。

Q4 どんな種類があるの？

御朱印はその場で御朱印帳に直書きしていただくのが基本だが、事前に書き置きしているものや、印刷されているものもある。またデザインも1種類だけでなく、季節ごとや毎月デザインが変わるものもあれば、期間限定版もある。何度も参拝に行く楽しみのひとつといえる。

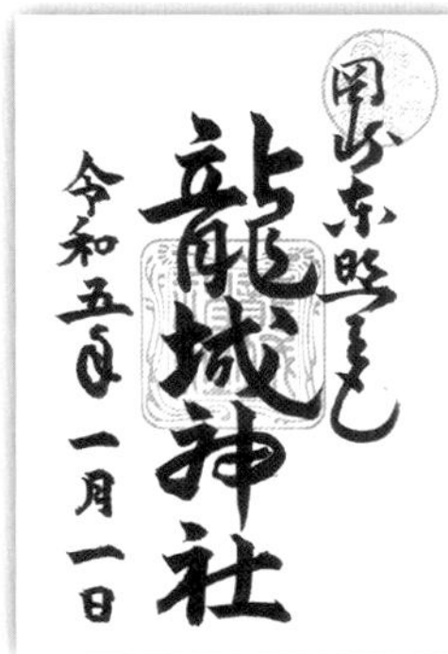

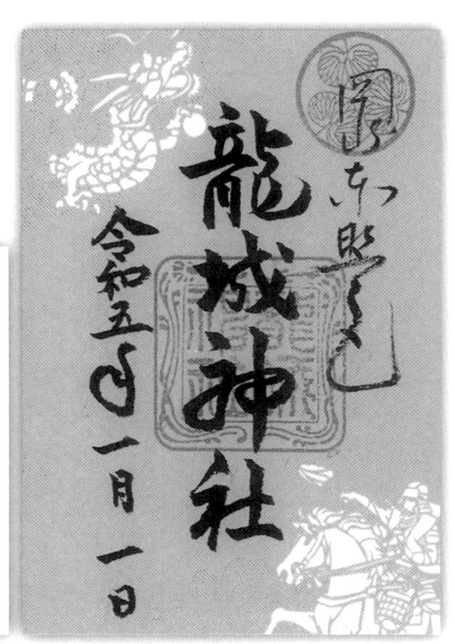

龍城神社（p74）の通常御朱印（左）と限定御朱印（右）。

「徳川」御朱印の楽しみ方

三、御朱印帳に集めよう

オリジナルの御朱印帳を持って出かけよう!

寺社の由緒を元にしたデザインから、徳川家康をモチーフにデザインされているものまでさまざまな御朱印帳が授与されているので、参拝に行く際は、ぜひ自分のお気に入りの御朱印帳を持っていこう。直接書いていただくので、台紙タイプが一般的だが、最近は書き置きの御朱印も増えているので、その場合はポケットタイプの御朱印帳もおすすめだ。

御朱印は御朱印帳に直に書いてもらうのが基本。直書きの場合のみ受け付けている寺社もあるので、必ず一冊は持っておくことをおすすめする。

ポケットに入れて保管できるタイプ。のりで貼り付ける必要がなく、入れ替えができるので便利。拝観チケットの半券など、旅の思い出も一緒に保管できる。

①荘内神社
山形県鶴岡市馬場町4-1

②仙台東照宮
宮城県仙台市青葉区東照宮1-6-1

③日光東照宮
栃木県日光市山内2301

④日光山輪王寺
栃木県日光市山内2300

⑤如来寺
栃木県日光市今市710

⑥世良田東照宮
群馬県太田市世良田町3119-1

⑦大國魂神社
東京都府中市宮町3-1

⑧増上寺
東京都港区芝公園4-7-35

⑨土肥金山
静岡県伊豆市土肥2726

⑩清見寺
静岡県静岡市清水区興津清見寺町418-1

⑪駿府城
静岡県静岡市葵区駿府城公園1-1

⑫久能山東照宮
静岡県静岡市駿河区根古屋390

⑬可睡斎
静岡県袋井市久能2915-1

⑭浜松城
静岡県浜松市中区元城町100-2

⑮浜松八幡宮
静岡県浜松市中区八幡町2

⑯五社神社諏訪神社
静岡県浜松市中区利町302-5

⑰井伊谷宮摂社 井伊社
静岡県浜松市北区引佐町井伊谷1991-1

⑱松平東照宮
愛知県豊田市松平町赤原13

［全国］

「徳川」御朱印 主要頒布場所MAP

本書で掲載している「徳川」御朱印の主な頒布場所を紹介。
※頒布場所の詳細はP124に掲載

⑲高月院
愛知県豊田市松平町寒ケ入44

⑳大樹寺
愛知県岡崎市鴨田町広元5-1

㉑菅生神社
愛知県岡崎市康生町630-1

㉒松應寺
愛知県岡崎市松本町42

㉓岡崎城
愛知県岡崎市康生町561-1

㉔龍城神社
愛知県岡崎市康生町561

㉕本證寺
愛知県安城市野寺町野寺26

㉖相応寺
愛知県名古屋市千種区城山町1-47

㉗名古屋城
愛知県名古屋市中区本丸1-1

㉘名古屋東照宮
愛知県名古屋市中区丸の内2-3-37

㉙万松寺
愛知県名古屋市中区大須3-29-12

㉚佐柿国吉城（若狭国吉城歴史資料館）
福井県三方郡美浜町佐柿25-2

㉛赤堂観音 蓮華寺
兵庫県養父市大屋町夏梅682

㉜生野銀山
兵庫県朝来市生野町小野33-5

㉝玉井宮東照宮
岡山県岡山市中区東山1-3-81

㉞広島東照宮
広島県広島市東区二葉の里2-1-18

本書の見方

本書では全国で授与されいている御朱印の中から、徳川家に関わる御朱印を厳選して紹介している。寺社の縁起や宝物の由緒、またゆかりの武将や史跡など見どころも合わせて解説。参拝に行く際に役立つ情報を満載しているので、ぜひ携帯して寺社仏閣巡りを楽しもう。

御朱印解説
社印や御神紋、揮毫やイラストなど各御朱印の特徴を解説している。

寺社名
寺社の一般的な名称を掲載。

徳川家康公が祀られている東照宮の総本山

日光東照宮

にっこうとうしょうぐう

御本社の御朱印。右上には徳川家の家紋「三つ葉葵」の印が押されている。

中央には社名が揮毫され、社名印が押されている。

奉拝　日光東照宮　令和　年　月　日

頒布場所DATA

頒布場所	御本社:陽明門入って右回廊窓口、奥宮:奥宮授与所
初穂料	御本社:500円、奥宮:500円

世界遺産に登録されている豪華絢爛な社殿群

日光東照宮は江戸幕府初代将軍・徳川家康公を神格化した東照大権現を御祭神として祀っている神社である。

家康公は元和2年(1616)、75歳の生涯を閉じると遺言によりまず久能山に神葬された。そして翌年、現在の日光の地に移された。正遷宮は、同年4月17日二代将軍秀忠公をはじめ公武参列のもと厳粛に行われ、ここに東照社として鎮座した。その後正保2年(1645)に宮号を賜り、東照宮と呼ばれるようになった。「東照宮」と呼ばれる神社は全国に存在するが、他と区別するために「日光東照宮」と呼ばれている。

現在の主な社殿群は三代将軍家光公によって寛永13年(1636)に建て替えられたもの。家康公の墓が存在する「奥宮」は日光東照宮の本殿の裏に位置し、東照宮の中でも最も神聖な場所とされている。平成11年(1999)には「世界文化遺産」に登録されている。平成の大改修で陽明門、三猿、左甚五郎の作と伝えられる眠り猫などの個性的な彫刻が彩り新たに復元された。

14

本文
寺社の縁起や源平の由緒などを解説している。

頒布場所DATA
各印の頒布場所・初穂料・志納料を掲載。
※頒布場所の営業時間や連絡先は124ページの「頒布場所一覧」をご覧ください。

日光東照宮

陽明門
日本を代表する最も美しい門で、国宝に指定されている。その美しさはいつまで見ていても見飽きないところから「日暮の門」とも呼ばれている。故事逸話や子供の遊び、聖人賢人など500以上の彫刻がほどこされている。また、天井画には狩野探幽氏による「昇龍」と「降龍」が描かれている。

オリジナル御朱印帳
紫の布地に陽明門がデザインされている日光東照宮の公式御朱印帳。
（初穂料:2,500円）

三猿
御神馬の厩舎である神厩舎の長押上には人間の一生が風刺されている猿が彫られている。その中でも両手でそれぞれ目、口、耳を押さえた「見ざる・言わざる・聞かざる」の三猿の彫刻が有名である。

東照宮奥宮の御朱印
御本社と同じく、右上には徳川家の家紋「三つ葉葵」の印が押され、中央には社名が揮毫され、社名印が押されている。書置きのみ。

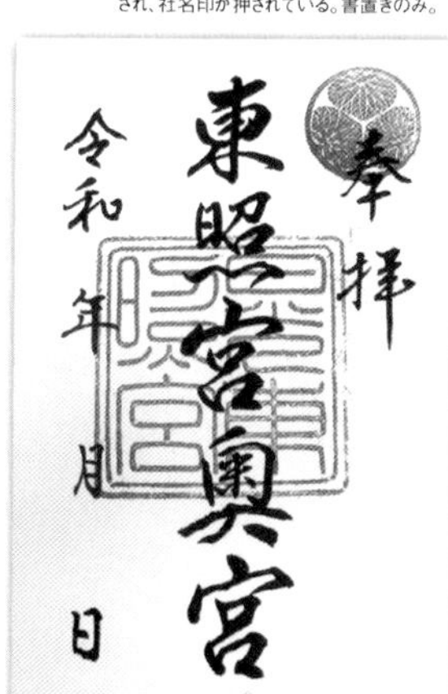

15

その他の印・バリエーション
寺社の通常の御朱印や期間限定で授与されていた御朱印、バリエーションなどもあわせて紹介している。

写真提供・協力（敬称略）

井伊谷宮／一般社団法人岡崎パブリックサービス／遠鉄アシスト株式会社／大國魂神社／可睡斎／株式会社シルバー生野／株式会社ノムラメディアス／久能山東照宮／高月院／静鉄プロパティマネジメント株式会社／松應寺／荘内神社／菅生神社／諏訪神社五社神社　／清見寺／世良田東照宮／仙台東照宮／相應寺／増上寺／大樹寺／龍城神社／玉井東照宮／土肥マリン観光株式会社／名古屋東照宮　／日光山輪王寺／日光東照宮／如来寺／浜松八幡宮／万松寺／ピクスタ株式会社／広島東照宮／本證寺／松平東照宮／蓮華寺／若狭国吉城歴史資料館

※本書は2023年2月現在の情報を掲載しています。

徳川家康公が祀られている東照宮の総本山

日光東照宮

にっこうとうしょうぐう

御本社の御朱印。右上には徳川家の家紋「三つ葉葵」の印が押されている。

中央には社名が揮毫され、社名印が押されている。

頒布場所DATA

頒布場所	御本社:陽明門入って右回廊窓口、奥宮:奥宮授与所
初穂料	御本社:500円、奥宮:500円

世界遺産に登録されている豪華絢爛な社殿群

日光東照宮は江戸幕府初代将軍・徳川家康公を神格化した東照大権現を御祭神として祀っている神社である。

家康公は元和2年（1616）、75歳の生涯を閉じると遺言によりまず久能山に神葬された。そして翌年、現在の日光の地に移された。正遷宮は、同年4月17日二代将軍秀忠公をはじめ公武参列のもと厳粛に行われ、ここに東照社として鎮座した。その後正保2年（1645）に宮号を賜り、東照宮と呼ばれるようになった。「東照宮」と呼ばれる神社は全国に存在するが、他と区別するために「日光東照宮」と呼ばれている。

現在の主な社殿群は三代将軍家光公によって寛永13年（1636）に建て替えられたもの。家康公の墓が存在する「奥宮」は日光東照宮の本殿の裏に位置し、東照宮の中でも最も神聖な場所とされている。平成11年（1999）には「世界文化遺産」に登録されている。平成の大改修で陽明門、三猿、左甚五郎の作と伝えられる眠り猫などの個性的な彫刻が彩り新たに復元された。

陽明門

日本を代表する最も美しい門で、国宝に指定されている。その美しさはいつまで見ていても見飽きないところから「日暮の門」とも呼ばれている。故事逸話や子供の遊び、聖人賢人など500以上の彫刻がほどこされている。また、天井画には狩野探幽氏による「昇龍」と「降龍」が描かれている。

オリジナル御朱印帳

紫の布地に陽明門がデザインされている日光東照宮の公式御朱印帳。
（初穂料:2,500円）

三猿

御神馬の厩舎である神厩舎の長押上には人間の一生が風刺されている猿が彫られている。その中でも両手でそれぞれ目、口、耳を押さえた「見ざる・言わざる・聞かざる」の三猿の彫刻が有名である。

東照宮奥宮の御朱印

御本社と同じく、右上には徳川家の家紋「三つ葉葵」の印が押され、中央には社名が揮毫され、社名印が押されている。書置きのみ。

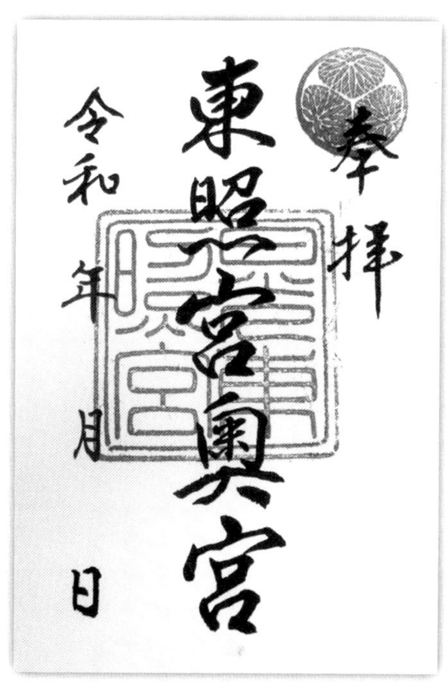

徳川家光公の霊廟がある天台宗の門跡寺院

日光山輪王寺

にっこうざんりんのうじ

大猷院の御朱印。（志納料：５００円、頒布場所：大猷院）。右上には奉拝の墨書と印が押されている。

左下には「日光廟大猷院」の印が押されている。

中央には大猷院と揮毫され、梵字印が押されている。

頒布場所DATA

頒布場所	各授与所
志納料	300～1,000円 (※令和5年改定あり)

日光山信仰の中心的な寺院 世界遺産に登録されている

日光山輪王寺は、天平神護2年（７６６）、日光開山の祖である勝道上人により開かれた。平安時代には空海、円仁ら高僧の来山伝説が伝えられ、鎌倉時代には源頼朝の寄進などが行われ、関東の一大霊場として栄えた。

江戸時代には天海大僧正（慈眼大師）が住職となり、山王一実神道（天台宗）の教えで徳川家康公を東照大権現として日光山に迎え祀った。

１６５３年には家光公の霊廟として大猷（たいゆう）院（いん）が建立されている。１６５５年には、「輪王寺」の称号が天皇家から勅許される。さらに慈眼大師と家光公が新たに祀られ、「日光門主」と呼ばれる輪王寺宮法親王（皇族出身の僧侶）が住し、幕末まで13代にわたり宗門を管領していた。

輪王寺は日光山内のお堂や塔、15の支院全体の総称。本堂の本尊は阿弥陀如来、千手観音、馬頭観音。明治時代の神仏分離令により、日光東照宮、日光二荒山神社、日光山輪王寺に分離され「二社一寺」となった。

大猷院
徳川三代将軍家光公の廟所。祖父である家康公（東照宮）を凌いではならないという遺言により、金と黒を使用し重厚で落ち着いた造りになっている。拝殿・相の間・本殿は国宝に指定されている。

輪王寺大猷院御朱印帳
金色の刺繍で三つ葉葵の家紋と「家光廟大猷院」の文字があしらわれている。地は紺色で全体に銀色の三つ葉葵の家紋が刺繍されている。
（志納料:2.000円、頒布場所:大猷院）

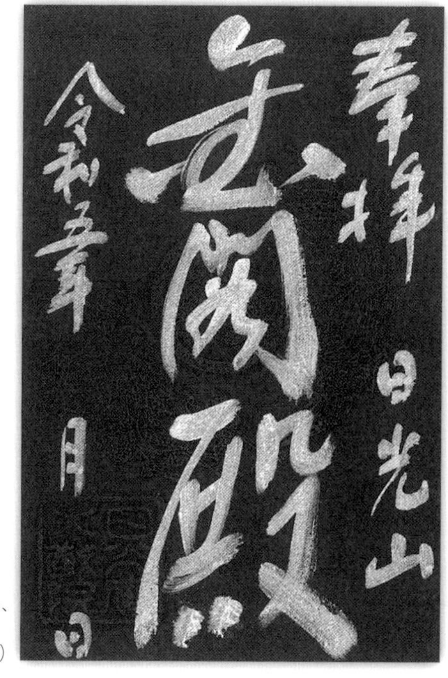

大猷院特別御朱印「金閣殿」
大猷院にご参拝いただいた方のみ、いただける特別な御朱印。
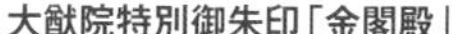
（志納料:500円、頒布場所:大猷院）

三仏堂
輪王寺の本堂で平安時代に創建された、全国でも数少ない天台密教形式のお堂。現在の建物は正保2年（1645）、徳川三代将軍家光公によって建て替えられた。内陣には、日光三所権現本地仏（千手観音・阿弥陀如来・馬頭観音）という三体の大仏様（高さ7.5m）と、東照三所権現本地仏（薬師如来・阿弥陀如来・釈迦如来）という掛仏の、2組の三尊仏が御本尊として祀られている。

輪王寺本堂御朱印「金堂」
金堂の墨書と梵字印などが押されている三仏堂の御朱印。
（志納料:500円、頒布場所:三仏堂※御朱印を受けるには三仏堂の内陣拝観が必要）

輪王寺黒門御朱印『日光山輪王寺』
日光山輪王寺の墨書と梵字印、黒門札所の印など押されている。
（志納料:300円、頒布場所:黒門札所）

輪王寺薬師堂絵入り特別御朱印「鳴龍」
薬師堂の天井画「鳴龍」が描かれた大判サイズの御朱印。
（志納料:1,000円、頒布場所:薬師堂（東照宮境内））

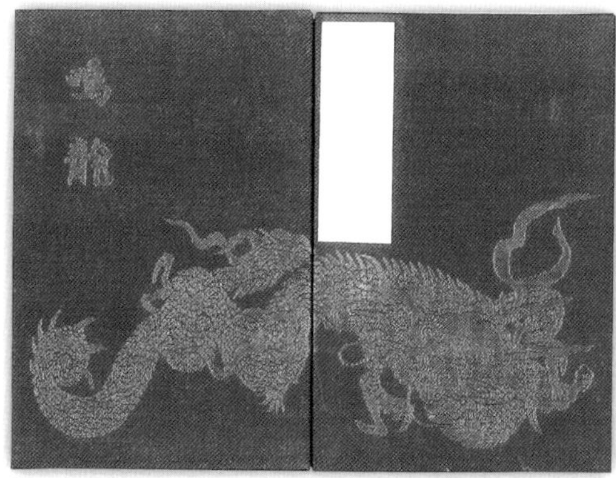

輪王寺鳴龍御朱印帳
朱色の地に鳴龍の文字と龍の図柄が金色の刺繍でほどこされている。
（志納料:1,500円、頒布場所:薬師堂（東照宮境内））

輪王寺薬師堂御朱印「鳴龍」
鳴龍の墨書と梵字印などが押されている御朱印。
（志納料:500円、頒布場所:薬師堂（東照宮境内））

輪王寺常行堂梵字御朱印「キリーク」
常行堂の御本尊である阿弥陀如来の梵字である「キリーク」と孔雀に乗った姿をモチーフにした御朱印。
（志納料:500円、頒布場所:常行堂）

輪王寺常行堂御朱印「阿弥陀如来」
常行堂の御本尊である阿弥陀如来の御朱印。
（志納料:500円、頒布場所:常行堂）

輪王寺常行堂御朱印「阿弥陀如来」
毎月15日の阿弥陀如来の縁日限定の御朱印。
（志納料:500円、頒布場所:常行堂）

下野七福神御朱印「毘沙門天」
栃木県の七福神を巡る下野七福神のうち、日光山輪王寺には毘沙門天が祀られている。
（志納料:300円、頒布場所:大護摩堂）

宝物殿入館記念之証「風神・雷神」
入館の証としていただけるもの。
（志納料:500円、頒布場所:輪王寺宝物館）

輪王寺大護摩堂御朱印「五大尊」
護摩堂本尊である五大明王の御朱印。
（志納料:300円、頒布場所:大護摩堂）

公式御朱印帳
大猷院への入り口にある仁王門上部にいる
唐獅子があしらわれている。
（志納料:1,000円）

輪王寺大護摩堂御朱印「天海」
令和5年3月1日～令和6年3月31日限定の
御朱印。
（志納料:500円、頒布場所:大護摩堂）

家康必勝祈願の黒本尊を祀る

増上寺

ぞうじょうじ

中央には「黒本尊」と揮毫され、徳川家の家紋「三つ葉葵」の印が押されている。

左下には大本山増上寺と揮毫され、印が押されている。

黒本尊の御朱印。家康の守護念持仏として常に身辺に置き、「黒本尊度々の大功徳霊験により大危難をまぬかれ太平を拓く」勝運の御本尊として安国殿にご安置されている秘仏の阿弥陀如来像。

頒布場所DATA

頒布場所	安国殿、徳川将軍家墓所
冥加料	安国殿分:500円、宝物展示室分:300円以上

浄土宗大本山にして徳川将軍家墓所のある名刹

東京・芝公園にあり、東京タワーを臨む増上寺。創建は明徳4年（1393）、浄土宗七大本山のひとつで、徳川家の菩提寺として知られる。二代秀忠公、六代家宣公、七代家継公、九代家重公、十二代家慶公、十四代家茂公の、六人の将軍の墓所が設けられている。また各公の正室と側室の墓所もあり、家茂公正室で悲劇の皇女として知られる静寛院和宮様の墓もある。安国殿は宗祖法然上人八百年御忌を迎えるにあたって、平成22年（2010）に建立された。本尊は、恵心僧都の作と伝えられる阿弥陀如来立像。家康公が崇拝し勝運・厄除けの仏として江戸時代から信仰を集めてきた。金色の像だったが、長年の香煙で黒ずんだことから家康公が「黒本尊」と名付けた秘仏である。他にも家康公の肖像画、徳川家歴代並びに一門の位牌、皇女和宮の等身大像等を安置している。大殿地下1階の宝物展示室には英国ロイヤルコレクション所蔵で、二代将軍御霊屋を10分の1で再現した「台徳院殿霊廟模型」が展示されている。

大殿

昭和49年(1974)に再建された増上寺の本堂。御本尊の阿弥陀如来(室町期製作)は、両脇壇に高祖善導大師と宗祖法然上人の御像が祀られている。

阿弥陀如来

西方極楽浄土を建て、そこに住し、衆生を救済する仏様。浄土宗をはじめとする浄土教諸宗において本尊とされる。

安国院殿

家康公の法号である「安国院殿徳蓮社崇譽道和大居士」に由来した御朱印。大河ドラマの放映に合わせて一年間特別限定御朱印として授与されている。

台徳院殿
徳川二代将軍秀忠公の法名「台徳院殿興蓮社徳譽入西大居士」の一部。英国ロイヤルコレクションから永久貸与された台徳院殿霊廟の10分の1の模型が宝物展示室にて常時展示されている。

御詠歌
増上寺八二世法主 椎尾弁匡(しいおべんきょう)御作の御詠歌。

五百羅漢
お釈迦様の500人の弟子のこと。江戸末期の絵師・狩野一信が描いた仏画「五百羅漢図」全100幅を宝物展示室常設展にて10幅ずつ展示している。

皇女和宮
徳川十四代将軍家茂御内室の名。増上寺に墓所があり、宝物展示室常設展では和宮様ゆかりの品々が不定期展示されている。

※「台徳院殿」「皇女和宮」「五百羅漢」は令和5年12月末まで徳川将軍家墓所にて頒布されている。

徳川将軍家墓所
かつて大殿南北に建ち並ぶ壮麗なものであったと伝えられる徳川家霊廟は昭和20年(1945)の空襲で大半が焼失。その後、現在地に改装された。六人の将軍と五人の正室、側室、子女多数が埋葬されている。

西向観世音
江戸三十三観音二十一番目札所の観音様。西を向いていることから、西向き観音と呼ばれ、鎌倉時代、北条時頼が観音山に石造の観音様を祀ったのが始まりといわれる。増上寺が現在の場所に移る前からこの地にすでにあったといわれ、子育て招福の利益広大と伝えられている。

増上寺宝物展示室
家康公によって徳川将軍家の菩提寺と定められ発展してきた増上寺では没後400年にあたる平成27年4月、大殿地下1階に「増上寺宝物展示室」を開設した。

御朱印帳
増上寺オリジナル三葵紋沙綾型模様入り。沙綾型模様には不断長久の意味があり、増上寺とのご縁が長く絶えることが無いようにと願いが込められている。

備前国鎮護の東照宮を合祀した

玉井宮東照宮

たまいぐうとうしょうぐう

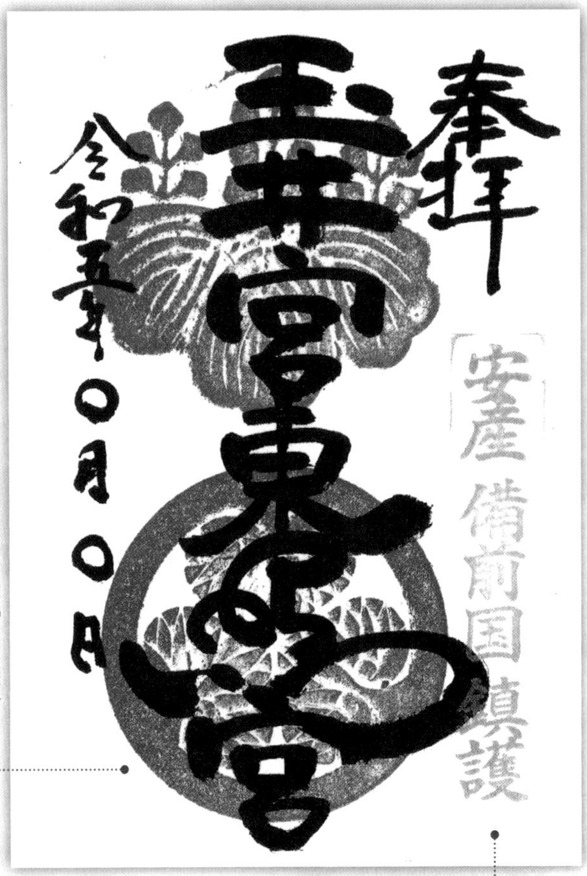

令和五年版の玉井宮東照宮の御朱印。安産 備前国鎮護の印が押されている。

中央には社紋、徳川家の家紋「三つ葉葵」の印が押され、玉井宮東照宮と揮毫されている。

頒布場所DATA

頒布場所	授与所
初穂料	通常御朱印:500円、限定御朱印:1,000円、正月限定御朱印:500円

不慮の火災で焼失するも復興を遂げた

玉井宮東照宮は玉井宮と東照宮が、明治14年（1881）に合祀された神社である。玉井宮は創建由緒は不明だが、皇族の方によって創建されたお宮で多くの方に崇敬されてきた。安産の大神として岡山の中心を鎮守する玉井宮遷座にはこんな伝説が残っている。その頃、山頂から毎夜怪しい光が海面を照らし、魚が恐れて寄り付かず、漁師たちは不漁に困っていた。そこでご神託を受けたところ、「御幣が舞い上がり、飛んで立ったところに遷座するように」というもので、御幣が立ったところを幣立山と呼び遷座し、社名を玉井宮と称した。

一方、正保2年（1645）に勧請された東照宮は、全国で最初に地方勧請された東照宮で、徳川家と血縁関係にあった池田光政により行われた。明治になり合祀された後、明治33年（1990）には旧玉井宮を移転し、西日本屈指の大拝殿の大造営が行われた。平成元年に本殿を残し、幣拝殿、社務所など焼失したが、氏子たちの尽力により4年後に現在の姿に復興している。

拝殿
正保2年(1645)に東照宮を勧請するにあたり、玉井宮は南の広場に移された。明治33年(1900)に旧玉井宮の社殿を元の地に移築し、西日本最大の大拝殿が造営された。

東照宮例大祭 再興記念御朱印
令和五年限定の見開き御朱印。本殿に描かれている対の龍を御朱印にした。東照宮を勧請した池田家の家紋「備前蝶」、徳川家の家紋「三つ葉葵」も入っている。

東照宮例大祭 再興記念御朱印
銀色バージョンの令和五年限定の
見開き御朱印。

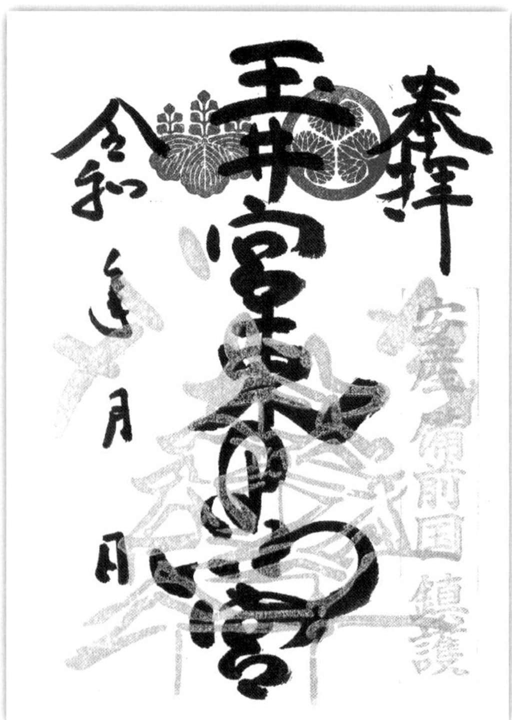

令和五年正月限定御朱印
安産 備前国鎮護 正月限定
玉井宮東照宮。書置きのみ。

本殿

正保2年(1645)に創建されたもので、岡山県重要文化財に指定されている。狩野派による東照宮彩色が施され、復元図のような岡山城と同じ黒金を主とした豪華絢爛な本殿であった。本殿の特徴として、異様に長い軒と軒下に藩主自ら書いたという一対の龍、豊島産の石垣、基礎や階段に使用されている犬島産の巨石などがある。明治維新、岡山空襲での焼夷弾直撃、平成元年の大火災でも本殿は失われず現在も残っている。

東照宮本殿CG復元予想図(岡山市デジタルミュージアム開設準備室制作)

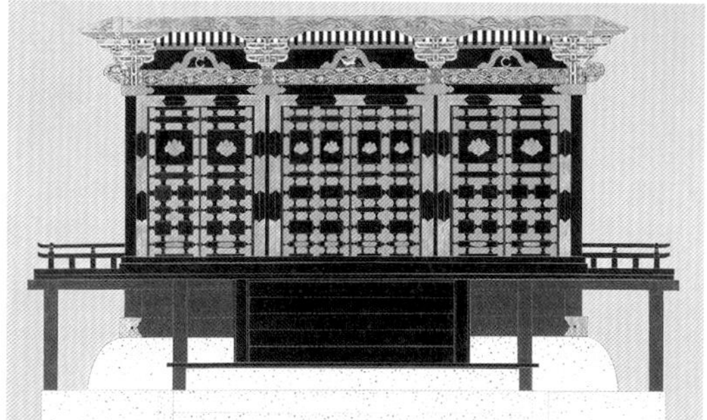

本殿正面復元図

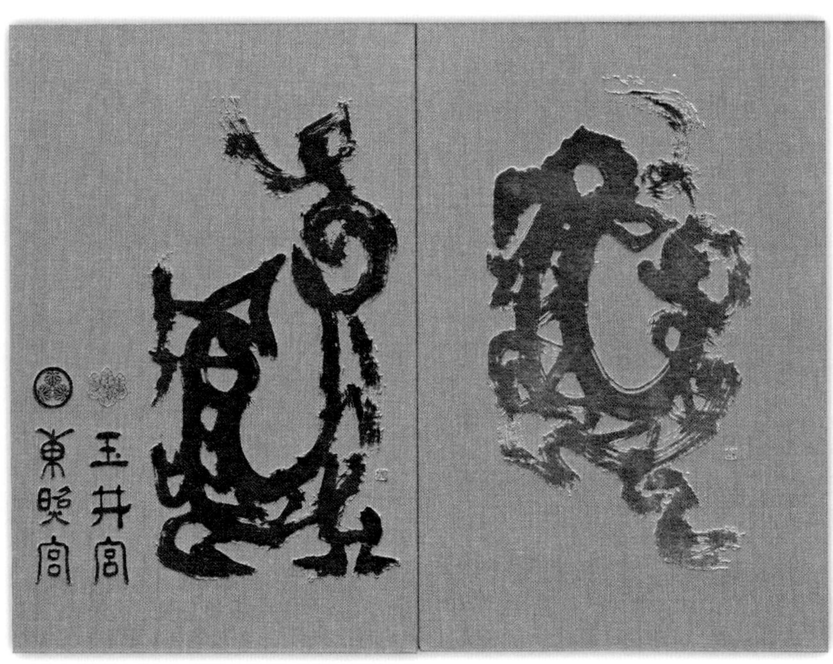

オリジナル御朱印帳
前衛書道家の曽我英丘氏の書"龍"の象形文字を元にデザインされ、
金箔の雄龍、銀箔の雌龍が箔押しされている。
(初穂料:2,000円)

白龍社

白龍神を祀る白龍社は操山の麓から白蛇伝説や地元氏子の強い要望により、操山守護である玉井大神を守護するために境内の現在地に遷された。その御神徳から交通安全・病気平癒・厄除けの神として崇敬されている。

金龍社

金龍社は、江戸時代に祟り神を鎮めるために玉井宮東照宮に遷された。その後は、毎年6月6日に例祭が斎行され、初めに地龍そして金龍と昇格され、金・仕事・事業等の龍神様として崇敬されている。

家康公が25才のとき厄除け・開運の祈願をした
菅生神社
すごうじんじゃ

家康が築いた泰平の世を願う、青く光るLEDの球「いのり星®」をモチーフにした図柄が描かれている。

岡崎公園内で毎年開催される「岡崎泰平の祈り」限定御朱印。（初穂料：500円）

右下には家康公のシルエットが描かれている。

頒布場所DATA

頒布場所	授与所
初穂料	500〜1,500円

松平家・家康公ゆかりの岡崎最古の神社

第12代景行天皇の御代・日本武尊により西暦110年に創建された岡崎最古の神社である菅生神社。ご祭神は天照皇大神、豊受姫命、須佐之男命、徳川家康公、菅原道真公。

家康公が25才のとき、厄除け・開運の祈願、造営を行う等、歴代岡崎城主の崇敬篤く、城内鎮守の守護神として祈願所となっていた。正保2年（1645）、岡崎城主の水野忠善により東照宮が本殿に祀られている。

寛永15年（1638）に岡崎城主、本田伊勢守忠利が菅生神社本殿を修復した際に寄進した「明神型石鳥居」（岡崎市指定文化財）、岡崎の彫刻家・鶴田鐵山による「三十六歌仙額」などの見どころのほか、菅生祭（8月第1土曜日）で行われる花火奉納は、江戸期文化文政の時代から今も続く全国的に有名な行事である。学業成就、開運、厄除などにご利益があり、ご神木の大きな楠の木は願いが叶うとされている。

拝殿・本殿
拝殿は浅瓦葺の切妻で、拝殿全面に階段部分が設けられているのが特徴的。

家康公繁栄祭御朱印
徳川家の家紋「三つ葉葵」と鎧兜が描かれている。
（初穂料:1,000円）

岡崎菅生
東照宮

正保二年（1645年）
十二月十七日岡崎城主
水野忠善公により
徳川家康公
「東照宮」を祀る

令和五年一月　十三日

菅生神社

月参りの御朱印
菅生神社では月毎に月参りの御朱印が頒布されている。2023年1月はうさぎと松梅。
（初穂料:500円）

通常御朱印
「岡崎最古 日本武尊創建」「徳川家康公厄除開運守護神」の揮毫と菅生祭・鉾船神事の印が押されている。限定御朱印期間は頒布していない。
（初穂料:500円）

家康公切り絵御朱印（濃い紫色）
おめでたい富士山、鶴、松竹梅に加え、家康公があしらわれている。菅生神社の切り絵御朱印の特徴である透かしの加工が施されている。色は濃い紫・金・赤紫色の3色。
（初穂料:1,500円）

家康公切り絵御朱印（金色）
（初穂料:1,500円）

家康公切り絵御朱印（赤紫色）
（初穂料:1,500円）

うさぎ切り絵御朱印（金色）
2023年の干支のウサギがあしらわれている。松竹梅とお正月らしいおめでたい雰囲気の御朱印。色は金・赤・白色の3色。
（初穂料:1,500円）

うさぎ切り絵御朱印（赤色）
（初穂料:1,500円）

うさぎ切り絵御朱印(白色)
(初穂料:1,500円)

オリジナル御朱印帳
菅生神社前の菅生川で桜を観る家康公をあしらった御朱印帳。筆書きがしやすい高級和紙である鳥の子和紙を使用。カバーは西陣織でできている。色は紫・白・黒色の3色。
(初穂料:3,000円)

徳川四天王・井伊直政公の祖先が祀られている

井伊谷宮摂社 井伊社

いいのやぐうせっしゃ いいしゃ

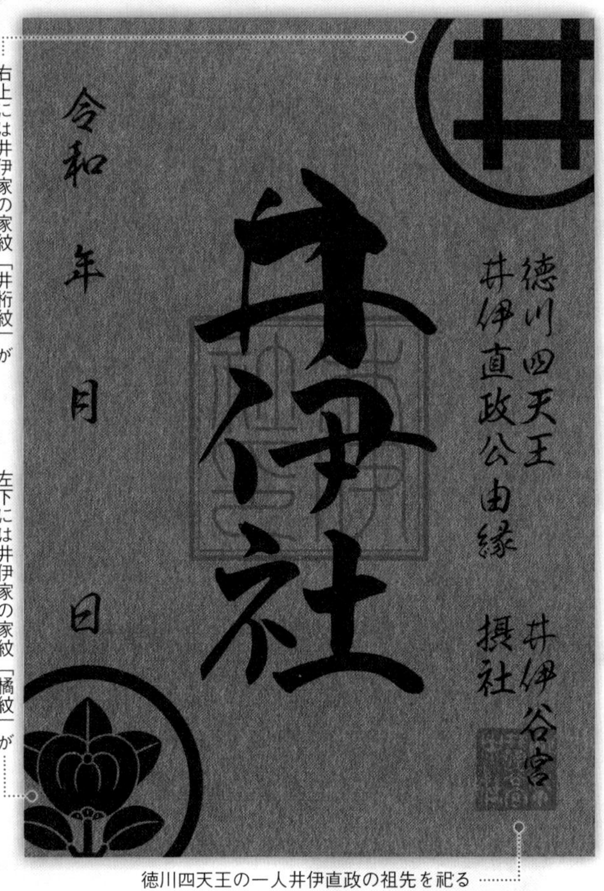

右上には井伊家の家紋「井桁紋」があしらわれている。

左下には井伊家の家紋「橘紋」があしらわれている。

徳川四天王の一人井伊直政の祖先を祀る摂社「井伊社」の御朱印。徳川ゆかりの三社詣（P43）で授与される。

頒布場所DATA

頒布場所	授与所
初穂料	500円 ※見開きの御朱印は1,000円

水の豊かな国・井伊の国鎮座 皇室・井伊家ゆかりの神社

井伊谷宮は明治5年に明治天皇の思し召しにより御鎮座、翌6年には静岡県内でも数少ない官幣社（井伊谷宮は官幣中社）に列せられ、創建当時は県内2番目の格式高い神社であった。

昭和天皇や現在の上皇・上皇后陛下もご参拝されている皇室と大変関係深い神社である。本殿は伊勢神宮と同じ系統の神明造となっている。

御祭神である「宗良親王」は、後醍醐天皇第四皇子で、今より約６５０余年、動乱の南北朝時代に一品中務卿征東将軍として、この地を本拠に50余年の間、吉野朝方のために活躍した。和歌に秀でていたことから「学徳成就・合格」の神様として崇められており、また73歳と、当時としては大変長寿で逆境をはねのけ各地を転戦したことから「長寿・除災開運」「道開き・交通安全」の守護神として信仰されている。境内には「日本絵馬資料館」があり、江戸時代から明治・大正にかけての古式絵馬から現代絵馬まで約１５００点を見ることができる。

井伊谷宮社殿

刀御朱印
井伊家から奉納された重要文化財指定の太刀「銘 国綱」をかたどった刀剣朱印。

通常御朱印
井伊谷宮の揮毫と「官幣中社井伊谷宮」の印、御神紋である「菊花紋」「李紋」の印が押されている。
※この御朱印のみ帳面に直接書いていただける。

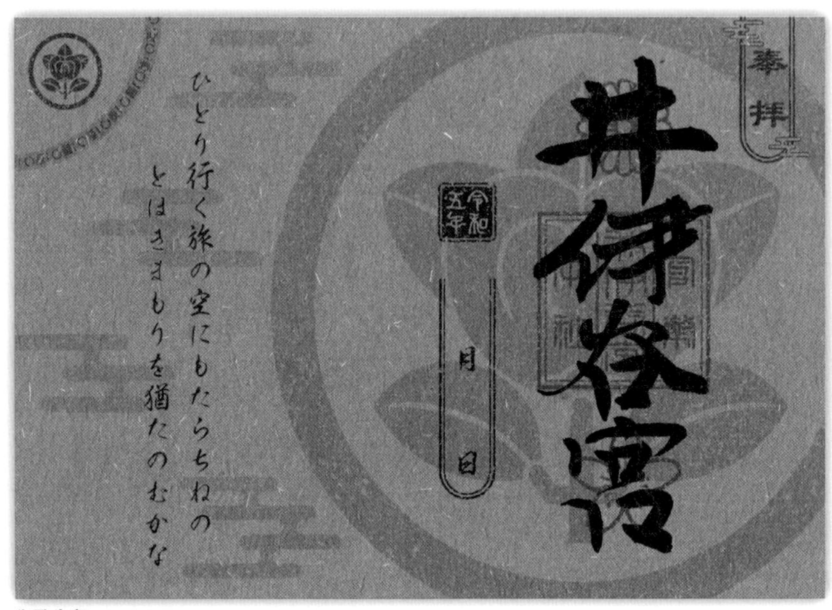

御歌朱印（おうたしゅいん）
御祭神宗良親王の和歌を紹介する「御歌朱印」。三ヵ月毎に入れ替え。
（初穂料:1,000円※クリアファイル付き。画像の御朱印は令和4年12月～令和5年2月の間頒布）

月毎の特別御朱印（1月）
同じく1月の特別御朱印で「開運招福」と書かれている。

月毎の特別御朱印（初詣）
月毎に替わる特別朱印。画像は2023年1月のもので正月にふさわしく金字で書かれており、また御祭神の印も押されている。

井伊社
明治8年に井伊道政・高顕を御祭神として井伊谷宮本殿横に創建された井伊社。

うなぎみくじ
地元浜松に根差したおみくじとして、おみくじの内容が遠州弁で書かれている遠州弁うなぎみくじ。うなぎは「うなぎ昇り」の縁起物。また、さまざまな栄養価が高いことでも知られ、そうしたうなぎの効能に合わせた全五色のお守のうち一体も入っている。幸福・勝利の縁起物しゃもじを使って、うなぎの桶からすくって取る。

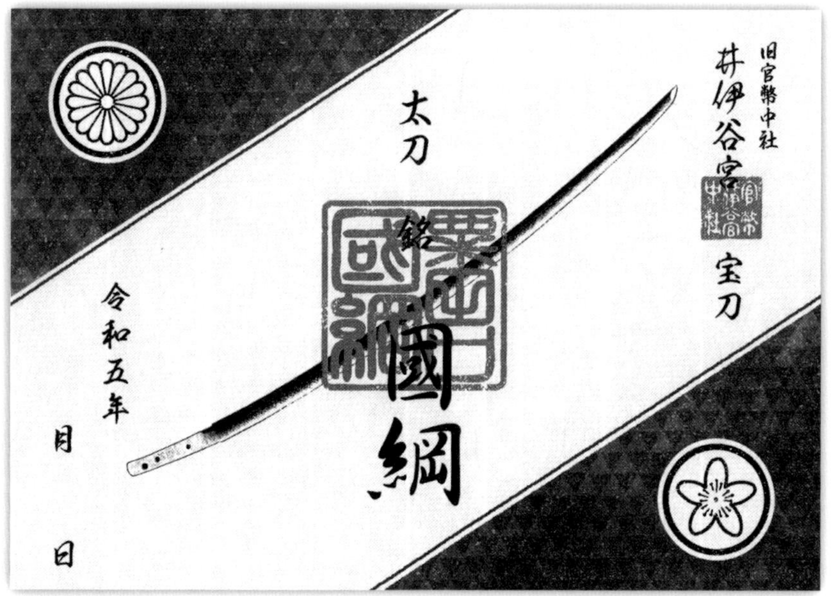

刀御朱印(見開き)
「銘　国綱」をかたどった刀剣朱印の見開き版。
(初穂料:1,000円※クリアファイル付き)

「丸龍」御朱印
家康公より当宮宮司家祖先岡部政定に下賜されたと伝わる馬具に施された「丸龍」をデザインした御朱印。

「舞草」御朱印
御祭神宗良親王が身に着けたと伝わる謎多き太刀《舞草(もくさ)》をイメージして描かれた御朱印。

御鎮座150年記念朱印帳

紺色の御朱印帳には御祭神が愛した花「スモモ」が上品に描かれている。朱色の御朱印帳には御祭神の御姿、皇室の菊紋、スモモの紋、井伊家の丸橘、井筒紋が記されている。また青海波という波の模様は穏やかな世が末永く続くようにとの意味が込められている。（初穂料:1,500円※帳面のみ）

徳川ゆかりの三社詣

徳川家ゆかりの浜松市中区の五社神社と浜松八幡宮、北区の井伊谷宮が合同で授与している御朱印。三社を巡拝して三種の御朱印をそろえる形式で、無料の三つ折り台紙に貼り付けることもできる。

家康公が御祭神として祀られる二社

五社神社　諏訪神社

ごしゃじんじゃ　すわじんじゃ

御祭神である徳川家康公と徳川家の家紋「三つ葉葵」が配されている。

大河ドラマ放映を記念した御朱印。五社神社、浜松八幡宮、井伊谷宮の三社合同にて特別朱印を授与している。専用の台紙が各神社にて無料で配布されている。（初穂料：500円）

頒布場所DATA

頒布場所	社務所
初穂料	500円

2つの神社が一緒になった徳川家ゆかりの子育て神社

五社神社 諏訪神社は、二社（五社神社・諏訪神社）が合祀してできた浜松を代表する神社の一つである。太玉命・武雷命・斎主命・天児屋根命・姫大神の五柱の神を主祭神とする五社神社は、徳川家康公によって、二代将軍秀忠公誕生の際に「産土神（うぶすながみ＝生まれた土地を守る神）」として、浜松城内から現在の地に遷された。家康公は、子供たちのお宮参りや、自身の厄除け祈祷等を五社神社で受けたといわれている。

一方、建御名方命、八坂刀売命、事代主命を主祭神とする諏訪神社は三代将軍家光公によって五社神社の隣地に遷された。両社共に相殿に家康公が祀られ、徳川家の篤い崇敬を受けて来た。昭和三十七年（1962）に両社合祀され「五社神社 諏訪神社」となった。子育てのほか、家内安全、商売繁盛、交通安全、厄除、八方除、合格祈願、病気平癒など、さまざまなご利益があり多くの参拝者が訪れる。

本殿・拝殿
社殿には「五社神社・諏訪神社」両社の御祭神が祀られている。

家康公出世手形絵馬
大ヒットゲーム「戦国IXA」のビジュアルで、若き闘将家康公が描かれた絵馬。
（初穂料：1000円）

御神刀特別御朱印
徳川家から奉納された刀剣「備前國・光忠作」の特別御朱印。「備前國・光忠作」は長さ九一・四センチ、そりが三・六センチあり、さやには純金をちりばめた葵の御紋が入っている。
（初穂料：500円）

通常御朱印
五社神社・諏訪神社の書き置きの御朱印。遠江國浜松鎮座の印が押されている。

五宝稲荷神社の御朱印
境内社の五宝稲荷神社は商売繁盛、家内安全などのご利益がある。稲荷社の神様の眷属であるキツネのイラストがあしらわれている。

社殿の欄間大彫刻「唐獅子と牡丹」を
デザインにした御朱印帳。栞付き。
(初穂料:1,500円)

五社神社・諏訪神社の社殿を
デザインした御朱印帳
(初穂料:1,500円)

徳川家家臣・酒井家ゆかりの神社

荘内神社

しょうないじんじゃ

御神紋である「かたばみ紋」が押されている。酒井家の紋を荘内神社の御神紋として使用している。

通年頒布されている御朱印。（初穂料：３００円）

頒布場所DATA

頒布場所	授与所
初穂料	300～1,500円

鶴岡公園に佇み愛され続ける庄内総鎮守

明治10年（１８７７）、酒井家藩主を慕う庄内一円の人々によって鶴ヶ岡城本丸址に創建された荘内神社。御祭神として祀られているのは庄内藩の歴代藩主の中の4柱。

徳川四天王・徳川十六神将の筆頭で文武両道に優れた賢人であった初代酒井忠次公、徳川家の基礎を固め国内和合の仁政に尽力した二代酒井家次公、「米の国荘内」の基礎を築いた三代酒井忠勝公、藩財政を立て直し危機を救った九代酒井忠徳公。

開運招福・家内和合・産業繁栄の神様として、創建から１４５年以上を経ち令和４年には酒井家入部４００年を迎えた今も「神社はん」の愛称で、市民や近在の人々の心のよりどころとして親しまれている。

神社の本殿隣に位置する宝物殿は、御鎮座１２０年を記念して、平成10年に開館したもの。旧藩主家より奉納された藩主ゆかりの武具、美術工芸品数々の貴重な宝物を始め、旧家より奉納されたお雛様、雛道具、五月人形、土人形などのお人形など、歴史的にも貴重な品々が展示されている。

本殿
鶴岡公園内の中にある荘内神社の本殿。隣には宝物殿があり、その他酒井家ゆかりの神社である鶴岡護国神社、御城稲荷神社が鎮座している。

よりそひうさぎ御朱印
2匹のうさぎと松竹梅が切り絵で表現されている御朱印。
（初穂料:1,500円※無くなり次第頒布終了）

花暦御朱印
四季折々の花々を毎月絵柄やお色を変えてデザインしている。
(初穂料:500円)

四季御朱印帳
鶴ヶ岡城に四季折々の風景と酒井家17代忠明の四季の歌をデザインしている。
(初穂料:1,500円)

シルク御朱印帳
御祭神酒井公が開墾した松ヶ岡地域に伝わる絹産業サムライシルクとコラボレーションした御朱印帳。
（初穂料:3,000円）

見開き御朱印帳
山形の桐箱職人の方が1体1体作っている見開きサイズの御朱印帳。
（初穂料:3,500円）

御城印
鶴ヶ岡城の御城印。「かたばみ紋」を中心に力強く揮毫されている。
（初穂料:500円）

徳川家康公により創建された
松應寺（しょうおうじ）

上部には徳川家の家紋「三つ葉葵」の印が押されている。

家康公バージョンの御朱印。右上には「徳川家康公創建」の印が押されている。

中央には家康公のシルエットが描かれ、金文字で松應寺と揮毫されている。

頒布場所DATA

頒布場所	授与所
志納料	片面:500円、見開き:1,000円　※例外あり

現在、御朱印はSNS等で告知する対応日のみに受付し、後日返却する方法をとっています。掲載している御朱印は令和5年1月現在のもの。季節ごとや月ごとに内容が変更されます。

松平広忠公御廟所を守る寺

愛知県岡崎市にある浄土宗の寺院。永禄3年（1560）、桶狭間の戦いの後岡崎に帰った徳川家康公によって、父・広忠（ひろただ）菩提のために隣誉月光を開山として創建された。松應寺境内には松平広忠公御廟所があり、松應寺の役目はひたすら神君家康公父君の御廟所を守ることにあった。広忠廟所は慶長10年（1605）、広忠の57回忌に家康公により整備され、松廟・拝殿・鳥居・玉垣等が備わった。戦国時代の武将の墓所としては、国内有数の格式と規模を誇り、史跡として岡崎市文化財に指定され指定区域だけでも約400畳の広さがある。廟所は松を中心とした構造で、この松は広忠が亡くなった天文18年（1549）に、家康公が広忠の墓上に小松一株を自ら植え、隆運と松平家の繁栄を祈念したとされるものだ。「松應寺」は家康公が幼いころに植えた松が立派に伸長したのを見て「我が祈念に應ずる松なり」として命名したものである。秀忠公、家光公など歴代の武将が参詣している。

松平広忠公御廟所
家康公が父・広忠供養のために造った霊廟。平成27年（2015）9月の豪雨で土塀が大きく崩壊したことを契機に、令和元年5月から御廟所全域を大修復し、令和4年5月に完了した。

「隆運」見開き御朱印
松應寺の原点である家康公と松が描かれている見開きの御朱印。
（初穂料：500円）

奉拝
隆運
令和五年一月
徳川家康公創建
松應寺

「天下泰平」御朱印
縁起のよい矢絣紋様の特別和紙に、この世が平和であるようにとの願いが込められている御朱印。

本堂
永禄3年(1560)、家康公が父君菩提のために創建。家康公はじめ秀忠公、家光公など歴代将軍が参詣し、徳川幕府の厚い庇護を受けた。太平洋戦争の空襲で境内全域が壊滅的な被害を受け、現在の本堂は昭和28年に再建されたもの。

「徳は身を潤す」御朱印
「徳が身についた人は自ずと品位が備わってくる」という礼記の言葉が揮毫されている。

家康公バージョンの御朱印。金文字にて松應寺と揮毫されている。

廟所門
寺門では珍しい紅柄塗の門。瓦には荒波に立ち向かう千鳥の姿が施され、苦難の時代を乗り越えた家康公をあらわしているかのようだ。

世良田東照宮

せらだとうしょうぐう

徳川氏発祥の地に鎮座する東照宮

右上には徳川家の家紋「三つ葉葵」の印が押されている。

世良田東照宮御朱印には直書き・書置きの2種類あり、書置きの場合は「徳川発祥の地」の文字と葵の葉が箔押しされている。（初穂料：直書き300円／書置き500円）

書置きの場合は箔押しで、直書きの場合は印が押される。

頒布場所DATA

頒布場所	境内授与所
初穂料	300〜500円

度重なる修復が行われ国の重要文化財・史跡に指定

群馬県太田市世良田にある世良田東照宮は日光東照宮の旧社殿が旧長楽寺境内に勧請された神社である。寛永16年（1639）、長楽寺住職の天海大僧正は徳川家康公から御下命されていた長楽寺を臨済宗から天台宗へ改宗復興した。三代将軍家光公は先祖の遺徳と当地方の守護神として、二代将軍秀忠公造営の日光東照宮奥社（神廟＝多宝塔・唐門・拝殿）を移築。本殿は新築し、東照宮を勧請された。

寛永21年（1644）10月11日には正遷宮が盛大に斎行され、同年12月には群馬県下の神社でも高禄の200石の御朱印が寄せられた。その後、大修理と小修理合わせて15回行われた社殿の修復は幕府の財政により賄われたため「お江戸見たけりゃ世良田へござれ」ともいわれたという。

拝殿・唐門・本殿・鉄燈籠、宝物として太刀や棟札が国の重要文化財に指定されている。本殿彫刻、左甚五郎作・狩野探幽画伝「巣籠りの鷹」は有名である。

本殿
世良田東照宮創建時に造営された本殿。伝左甚五郎作、狩野探幽彩画の彫刻「巣籠りの鷹」が参拝者の家内を守護してくれる。国の重要文化財に指定されている。

稲荷社御朱印
開運稲荷社の御朱印。揮毫と印の他、かわいらしいキツネのイラストが描かれている。
（初穂料:書置きのみ300円）

開運稲荷社
古くから世良田に鎮座する開運、商売繁盛のお稲荷様。平成8年に再建。祭典は毎年旧初午日（三月中旬）に行われている。

拝殿
日光東照宮奥社拝殿として元和年間(1615〜1623)に造営され、寛永17年(1640)〜同19年に移築された。設計施工 中井大和守正清の最後の作ともいわれ、桃山時代の特色をよく表している。国の重要文化財に指定されている。

本殿彫刻「巣籠りの鷹」
伝左甚五郎作、狩野探幽画の本殿彫刻。松の木に作られた巣に3羽のひな鳥が籠り、左右の親鳥がひな鳥の育成を見守る。家族愛、子孫の安泰、家内を守護している。国の重要文化財に指定されている。

鬼除日枝社
東照宮勧請時に日光山より移遷された境内社。江戸時代は幕府により十数回の修理が行われた。平成25年「家康公御鎮祭400年奉祝記念事業」にて三ツ葉葵会が修理。

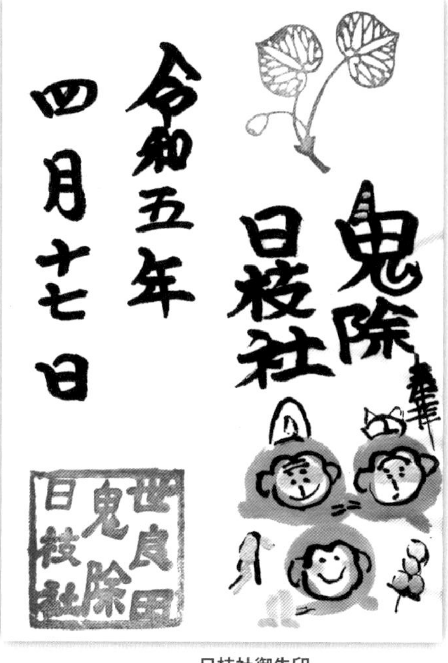

日枝社御朱印
鬼除日枝社の御朱印、揮毫と印の他、右下にかわらいらしいサルのイラストが描かれている。
（初穂料:書置きのみ300円）

唐門
拝殿移築時に日光東照宮奥社神廟前にあった門を移築した唐門。門に付随し透塀が本殿を一周している。国の重要文化財に指定されている。

徳川家康公着初の鎧
家康公が13歳の頃の「御鎧召初式」に用いられた甲冑。社殿とともに日光から移され、神宝中第一の重宝とされた。

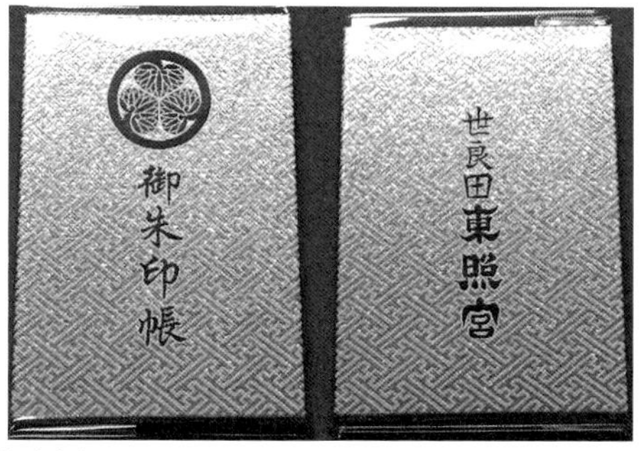

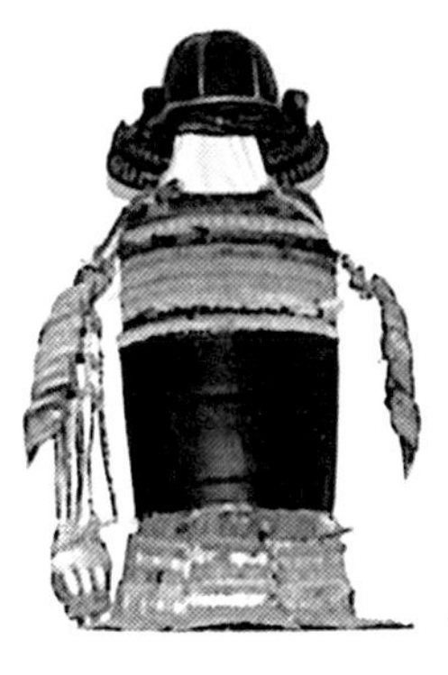

御朱印帳
御朱印込み・カバー付のオリジナル御朱印帳。大判サイズ(120×180)で、金糸使用の紗綾形柄（さやがたがら）。
（初穂料:2,500円）

仙台藩二代藩主伊達忠宗公が創建

仙台東照宮

せんだいとうしょうぐう

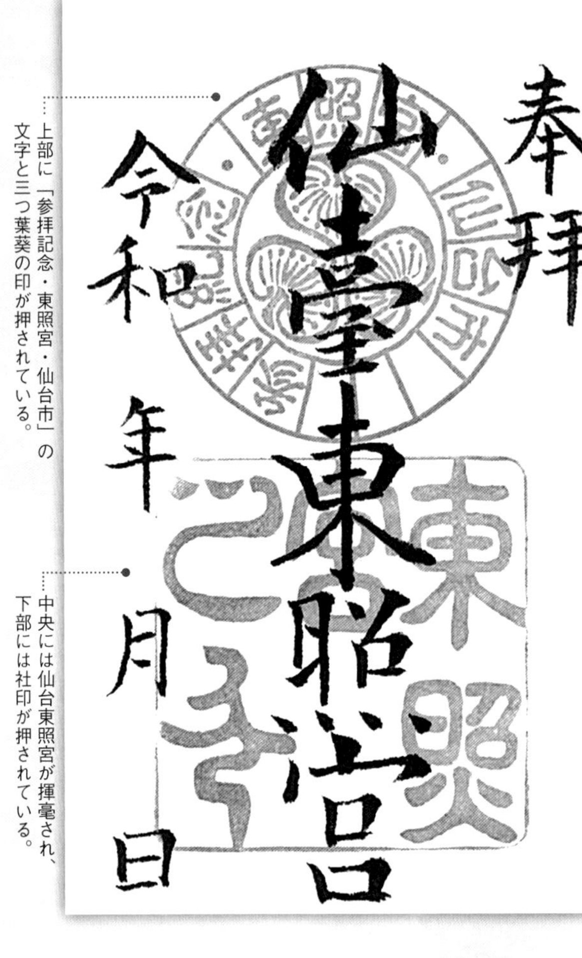

上部に「参拝記念・東照宮・仙台市」の文字と三つ葉葵の印が押されている。

中央には仙台東照宮が揮毫され、下部には社印が押されている。

頒布場所DATA

頒布場所	授与所
初穂料	300円

徳川家と伊達家のつながり 徳川家康公ゆかりの地に鎮座

仙台東照宮は、承応3年（1654）、仙台藩の初代藩主伊達政宗公の世継ぎである二代藩主忠宗公によって創建された。政宗公の没後、災害により財政危機に陥った際、幕府の援助を受けた忠宗が徳川家に対する尊崇・感謝の標として創建したものである。忠宗公は慶安2年（1649）に時の将軍家光公に東照宮創建の許可を得ると、社殿の造営にとどまらず、東照宮を仙台藩の守護神とするためのさまざまな取り決めを行った。

東照宮の社殿は本殿、唐門、随身門、別当寺仙岳院など15棟以上の社殿を80万人の人手と金2万両を費やし、5年の歳月をかけた忠宗公晩年最大の事業となった。唐門、本殿など4棟と鳥居1基が国の重要文化財に指定されている。

神社の鎮座する場所は政宗公の案内で家康公が休息したといわれるゆかりの地である。この地は仙台城の正確な北東（艮）の位置にあたり、まさに伊達家、仙台城下町の守護神として鎮座している。

拝殿
仙台東照宮は拝殿と本殿を別の建物にしているところが特徴。拝殿は戦前に一度焼失しているが、宮町を中心とした市民の力により復興している。

随身門
左右に随身像を据えた二階建ての門。妙法院宮尭然親王筆の「東照宮」の扁額が掲げられている。大きな屋根は1.5km離れた宮町通りの南端からでもはっきりと視認できる。国の重要文化財に指定されている。

令和5年正月限定御朱印
右上に徳川家の家紋「三つ葉葵」、右下にウサギのイラストがデザインされている。限定御朱印は毎年正月時期に頒布を行なっている。（掲載している令和5年正月限定御朱印の頒布は終了）

オリジナル御朱印帳
御本殿御扉の麒麟・獅子・龍などの円形彫刻と葵の御紋がデザインされている御朱印帳。（初穂料:1,500円）

大神輿渡御
江戸時代東北で最大と言われた大きな神輿。担ぎ手は宮町などの東照宮周辺にお住いの方や仙台市民の中から広く募集し、白い装束をつけて担ぐ。

東照宮祭礼行列
仙台東照宮の東照宮祭礼行列は随身門前で御神霊を乗せた神輿がゆっくりと石段を降り宮町通りに入り、担ぎ手の交代をしながら御旅所であった東六小学校まで進み、そこで神事が執り行われる。行列には東照宮神輿に加えて子ども神輿、稚児行列等を加え、合わせて東照宮神楽が奉納される。

家康公が開運招福・武運長久を祈って参拝した

浜松八幡宮

はままつはちまんぐう

右上には徳川家の家紋「三つ葉葵」の印が押されている。

中央には浜松八幡宮が揮毫され、印が押されている。

頒布場所DATA

頒布場所	授与所
初穂料	500円

家康公が隠れた御神木がそびえる数々の武将の開運の地

浜松市中心近くの鎮守の森に鎮座する浜松八幡宮。平安時代の神社を所載した延喜式には許部（こべ）神社（じんじゃ）として記され、源義家により源氏の氏神である八幡二柱の神が勧請された。八幡の神は古来、弓矢の神、武運、勝運の神として広く知られており、また御祭神の玉依比売命は、安産・子育ての神として信仰されている。義家を始め数々の武将が武運長久、必勝を祈願し参拝してきた神社であり、特に家康公は、浜松城の城主になったころより八幡宮を武家の守護神・浜松城鬼門鎮守、鬼門降伏の氏神として信仰し、開運招福・武運長久を祈って度々参拝したと伝えられている。

徳川家代々の祈願所と定め、将軍となって江戸に定府の頃は、名代を使わして参拝したといわれている。

元亀3年（1572）、三方ヵ原の合戦において甲斐の武田信玄に敗れた家康公が楠の洞穴に身を潜め、難を逃れたと伝えられる樹齢1000年を超える楠の巨樹「雲立楠」は見どころの一つである。

浜松八幡宮は、古くから武家の信仰が篤く、源義家が浜松八幡宮に参籠し、社殿前の楠の下に旗を立て、武運長久を祈願したとの伝承があることでも有名である。

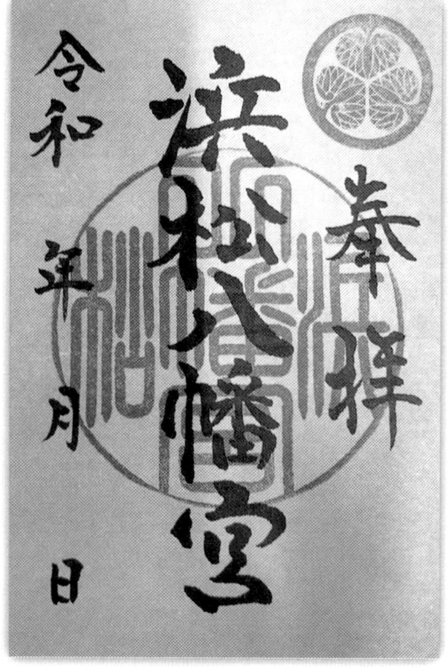

「御朱印三社詣」特別御朱印
五社神社　諏訪神社と井伊谷宮と合同で行っている「御朱印三社詣」用の特別御朱印。

正徳4年（1714）に奉斎された東照宮。浜松八幡宮の例大祭では東照宮前庭において特殊神事「放生会」が行われる。放生会は捕らわれた動物（鳥・魚）を川や野に解放し、日々の殺生を戒める儀式のことで、戦乱の世に命を落とした人々の御霊を慰めるために、家康公の願いによって始められたと伝わる。

オリジナル御朱印帳（新緑）

オリジナル御朱印帳（多彩）

御神木 雲立楠(くもたちのくす)

社殿前にそびえる雲立楠は樹齢1,000年を超えるクスノキで樹高約15mの巨樹である。古くは源義家(八幡太郎)が参籠の折り、樹下に旗を立て八幡二柱の神を勧請したとの伝承から『御旗楠』と称された。元亀3年(1572)三方ヵ原の合戦において甲斐の武田信玄に敗れた家康公が武田方の追っ手を逃れて八幡宮境内へたどり着き、難を逃れたという。その際、楠の洞穴の中で一心に八幡神を拝すると、楠より瑞雲が立ち昇り、神霊が白馬に跨った老翁の姿となって浜松城へ導いたといわれている。

雲立楠 石碑

くすのき守

雲立楠の伝承にあやかった開運・厄除・勝運・立身出世など、さまざまなお願いごとのお守として神職や巫女が一つひとつ集めた雲立楠の実を祓い清め、納めている。

尾張藩祖徳川義直公が創建

名古屋東照宮

なごやとうしょうぐう

名古屋東照宮と末社の福神社の御朱印（初穂料：600円）。右側には名古屋東照宮の印が押されている。

中央に奉拝が揮毫されている。

左側には福神社の印が押されている。印には大黒様（大国主命）と恵比寿様（事代主命）が並んでいる。

頒布場所DATA

頒布場所	授与所
初穂料	500〜1,000円

名古屋開府の家康公を奉斎 見事な霊廟建築の遺構

愛知県名古屋市にある名古屋東照宮は元和5年（1619）、尾張藩祖徳川義直公が家康公を御祭神として名古屋城内に創建した。その後、明治8年（1875）に現在地に移転している。権現造りの壮麗な本殿をはじめ、渡殿、桜門、唐門、透塀など極彩色の建造物が並んでいたが昭和20年の戦災で焼失。現在の本殿は、かつて万松寺にあった義直公の正室高原院の御霊屋を昭和28年（1953）に移築したもので、代表的な霊廟建築の遺構を見ることができる。

四方寄棟造りの本殿、唐門、透塀が愛知県の重要文化財に指定されており、神宝は東照宮御冠、御笏、御装束、東照宮神像、東照宮縁起五巻。境内の石灯籠も1619年創建当時の貴重なものである。戦前は東照宮祭として山車行列が行われ名古屋祭りと称されたが、戦災により焼失し名古屋祭りの名は現在の郷土英傑行列に引き継がれている。出世開運・商売繁盛・厄除・学業成就・勝負運・金運・縁結びのご利益がある。

本殿
方三間の寄棟造で桟瓦茸、棟札から慶安4年(1651)の建築であることが知られる。

桧皮御神印「一ノ山車 橋弁慶車」
名古屋祭りの起源、東照宮祭に曳出されたからくり山車を御用材の桧香る桧皮に描画し特別に誂えた限定の御神印。弁慶と牛若丸が京の五条橋で大立ち回りを演ずるからくりは勝負運向上を意味している。(初穂料:500円)

桧皮御神印「二ノ山車 湯取車」
桧の香る桧皮に東照宮祭(名古屋祭)のからくり山車を描いた御神印。安倍晴明が湯取神事を行うからくりは清め祓いで浄化を意味している。(初穂料:500円)

桧皮御神印「三ノ山車 雷神車」
桧の香る桧皮に東照宮祭(名古屋祭)に曳航された9台のうち雷神車を描いた御神印。雷神が神馬に跨り、太鼓を鳴らすからくりは五穀豊穣を祈念して奉納されたという。(初穂料:500円)

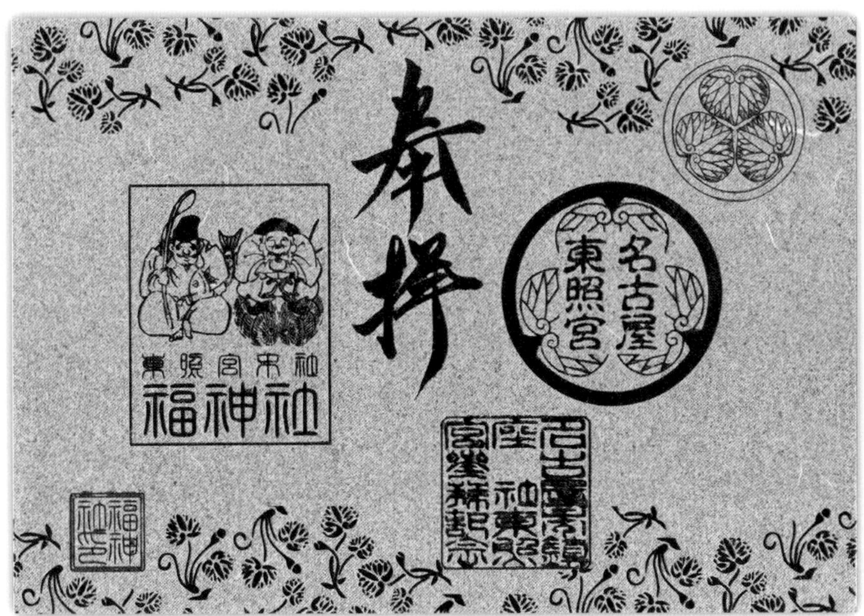

春の特別御朱印「春金銀(はるこんごん)」
特別に誂えた葵の和紙に金箔銀箔で箔押しされている季節限定の御朱印。季節によって異なる祈願を込めており、春は金運・出世開運の祈願が込められている。
（初穂料:1,000円）

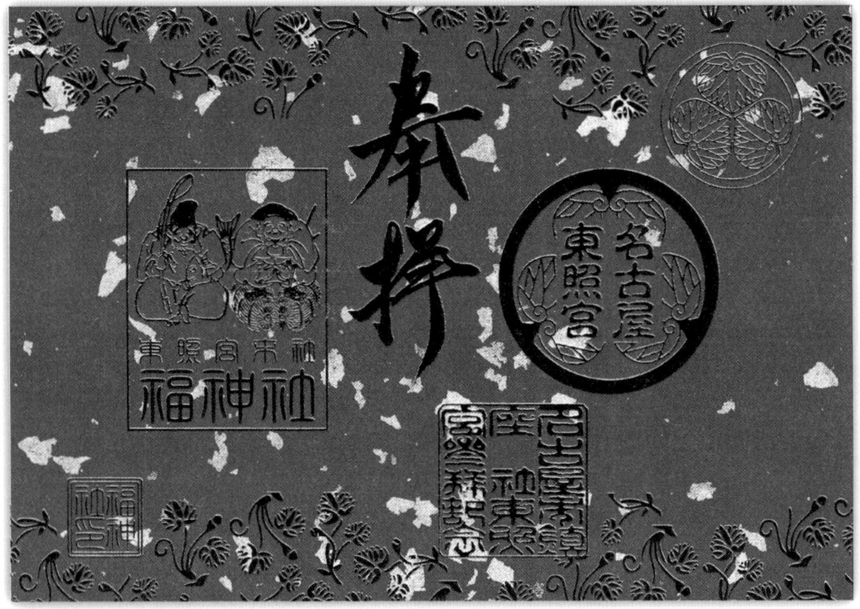

夏の特別御朱印「夏黄金(なつこがね)」
夏は勝負運と健康運の祈願が込められている。
（初穂料:1,000円）

秋の特別御朱印「秋黄金(あきこがね)」
名古屋東照宮の和紙の御朱印に、神様と繋がり邪悪なものを払う魔よけの力があるという麻を織り交ぜて誂えている。秋は学業・就職成就、仕事運の祈願が込められている。
(初穂料:1,000円)

冬の特別御朱印「冬黄金(ふゆこがね)」
冬は厄罪穢れの浄化の祈願が込められている。
(初穂料:1,000円)

大國魂神社

おおくにたまじんじゃ

徳川家とゆかりの深い武蔵国の総社

中央に「武蔵総社　大國魂神社」と揮毫され、社名印が押されている。

左下には「大國魂神社社務所印」が押されている。

頒布場所DATA

頒布場所	御朱印受付所
初穂料	300円

創建1900年の歴史を誇る武家の崇敬が篤かった古社

東京都府中市にある大國魂神社。大國魂(おおくにたまの)大神(おおかみ)を武蔵国の守り神としてお祀りした神社で、武蔵国の総社であり、東京五社の一社である。武蔵国の一之宮から六之宮までを合わせ祀るため、「六所宮」とも呼ばれている。厄除、八方除、開運、縁結びの神として崇敬され、6張の大太鼓に先導され8基の神輿が御旅所まで渡御する「くらやみ祭」は有名である。古くより武家の間で崇敬が篤く、鎌倉幕府を始め北条氏、足利氏も崇敬の誠を尽くしていた。慶長年間に入ると、将軍徳川家康公の命により大久保長安が奉行となって社殿の大造営が行われた。慶長11年（1606）に竣工した朱塗りの本殿は正保3年（1646）の府中本町の大火で類焼し、現在の本殿は四代将軍家綱公の命により寛文7年（1667）に完成したものである。室町時代末期の神社建築と三殿一棟の特異な構造形式は遺例が少なく珍しい。また、境内には元和4年（1618）に二代将軍秀忠公の命によって造営された東照宮が鎮座している。

拝殿
現在の拝殿は明治18年、大國魂神社が官幣小社に昇格した年に改築したもので、その後昭和53年に改修されている。内部で拝殿と幣殿に分かれている。構造は流造・切妻千鳥破風・銅板葺素木造。

東照宮
家康公は大國魂神社の西、今の府中本町駅付近に御殿を建て鷹狩りを行っていたなど縁が深く、また久能山から二荒山に霊輿を遷された際、この国府の斎場に一夜逗留せられ、大國魂神社の宮司が祭祀を務めた。その遺跡を後世に伝えるため、元和4年(1618)、二代将軍秀忠公の命によって造営された。平成26年に市指定有形文化財に指定されている。
※東照宮の御朱印はありません。

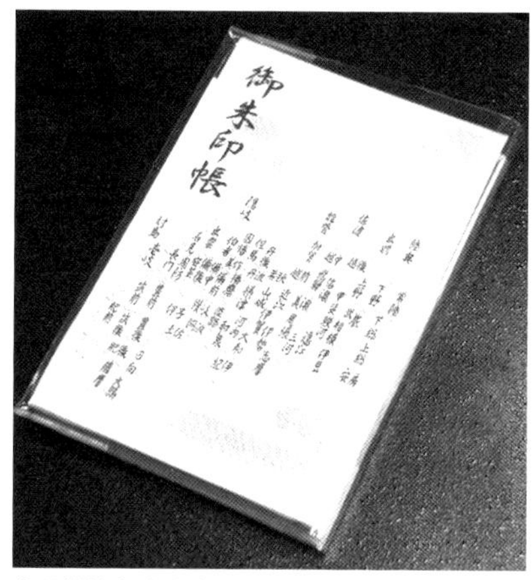

全国総社会 御朱印帳
(初穂料:1,800円※御朱印料含む)

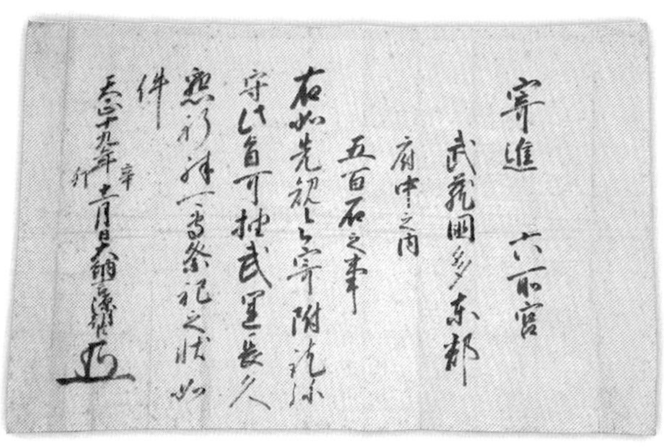

寄進 六所宮
武蔵国多東郡 府中之内
五百石之事
右如先規令寄附訖
守此旨可抽武運長久
懇祈并祭祀之状如件
天正十九年辛卯十一月日 大納言源朝臣

徳川家朱印状
宝物殿に収蔵されている、徳川家から与えられた五百石の社領寄進状。六代・七代・十五代将軍の分を除く十二通が残っている。初代家康公のものだけ花押で、他は朱印が押されている(写真は徳川家康寄進状)。

龍城神社

たつきじんじゃ

岡崎城本丸に鎮座する家康公生誕の地

限定の切り絵御朱印。右上には徳川家の家紋「三つ葉葵」の印がある。

左上には出生時の伝説にちなんだ龍の切り絵がある。

右下には家康公をモチーフにした切り絵がある。

頒布場所DATA

頒布場所	授与所
初穂料	1,000円

偉業を称え城内に東照宮が奉祀されている

龍城神社は岡崎城公園内にあり、城の隣に鎮座している。ご祭神として、徳川家康公とともに本多忠勝公が合祀されている。出世、開運、安産、厄除けにご加護があると伝えられている。

龍城神社にはさまざまな伝説が残されている。岡崎城築城の際に天守閣に美しい柳の五ッ衣に紅の袴姿の乙女が現れ、「われはこれ歳久しく此の処に住む龍神なり。汝われを鎮守の神と崇め祀らば永く此の城を守護し繁栄不易たらしめん（私はこの地に長く住む龍神である、私を鎮守の神として祀れば永くこの城を守り繁栄をもたらす）」と告げたという。この不思議な現象に驚いた城主は、天守楼の上に龍神を祀って城地鎮守と崇め、城を龍ヶ城、井戸を龍の井と名付けたという。また後年、岡崎城にて家康公生誕の朝、城の上に黒雲が渦を巻き、風の中に金鱗の龍が現れ昇天したという伝説も残っている。戦乱の世を鎮め天下統一を成し遂げた家康公の偉業を称え、城内には東照宮が奉祀された。

龍城神社は岡崎公園内の岡崎城（天守閣）のすぐ隣に鎮座している。

出生時の伝説にちなんだ龍と岡崎城が描かれている御朱印帳。
（初穂料:2,200円※御朱印記入済み）

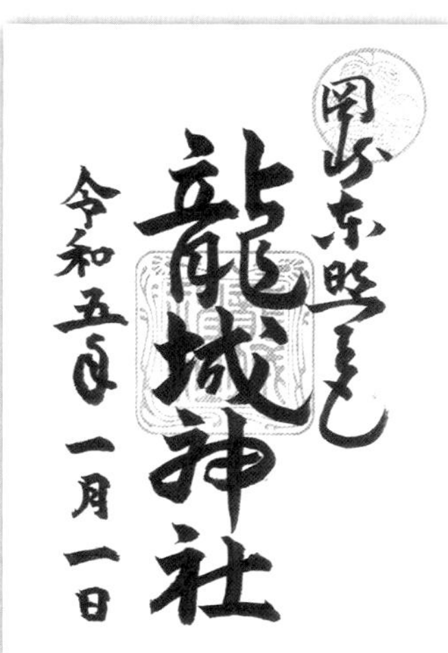

通常御朱印
徳川家の家紋「三つ葉葵」の印が押され、龍城神社と揮毫されている。

「開運」絵馬
「開運」と揮毫されている家康公が描かれている絵馬。
（初穂料:800円）

「堪忍」絵馬
家康公が描かれている絵馬。
（初穂料:800円）

尾張徳川家菩提寺

相応寺

そうおうじ

見開きお亀の方御朱印。牡丹唐草柄の地模様が入った桃色和紙を使用している。※希望すれば持参した御朱印帳にも対応。その他直書きもある。

中央には若年のお亀の方（相応院）が描かれている。

「義直公生母お亀の方 尾張徳川家 菩提寺」と書かれている。

頒布場所DATA

頒布場所	授与所
志納料	800円

徳川義直生母・お亀の方の供養のために建立された

初代藩主徳川義直公（家康公の九男）が生母お亀の方の菩提のために、寛永20年（1643）に建立した浄土宗の寺院。寺名は家康公の死後にお亀の方が称した相応院に由来する。

相応寺には歴代の尾張徳川家に関する人物が葬られるとともに遺品が納められている。慶安3年（1650）5月、義直公江戸邸にて没し、遺骨を相応寺に入れて供養。後に定光寺に義直廟墓が造営され葬られた。

昭和7年、第42世住職眞野耕雲上人の代に、東区山口町から千種区城山町へ本堂、総門、山門、鐘楼、書院（駿河御殿）が移転された。

名古屋市はこの城山界隈を京都の東山をモデルとして開発した。相応寺は山水景勝の地に建てられたため、京都の清水寺を模して、本堂前に清水と同じ舞台が造られた。太平洋戦争、伊勢湾台風によって清水の舞台、駿河御殿は全く旧態を残していないが、清水寺より賜った御分身木造千手観音が寺の秘仏として安置されている。

相応院肖像画
晩年の相応院が描かれている、徳川義直公直筆の肖像画。お亀の方は家康公が伏見城に居住していた文禄3年（1594）53歳のときに側室として仕えるようになり、家康公59歳のとき、九男義直公（千千代）が生まれた。その後、慶長15年（1610）に義直公は尾張藩藩祖となる。家康公逝去後は髪をおろし相応院尼と称した。相応院の死後、義直公は名古屋に相応寺を創建し、この肖像画を寺に納め、手厚く菩提を弔った。

本堂
本尊の阿弥陀如来像、浄土宗の開祖法然上人像が祀られている。扁額の「相応寺」は義直公筆。

総門
相応寺の総門は三間薬医門で、本瓦葺（元は柿葺）。扁額の「相応寺」は義直公筆。

見開き千手観音御朱印
京都清水寺より昭和9年に拝受した秘仏清水千手観音御分身の御朱印。水墨画家・井上北斗氏による絵が描かれている。

相応院供養塔
境内にある供養塔。正面には「相応院殿信誉公安大禅定尼」と刻まれている。

大樹寺（だいじゅじ）

桶狭間の戦いで破れた家康公再起の地

徳川家始祖松平氏菩提寺「高月院」と松平氏・徳川将軍家菩提寺「大樹寺」の合同企画。両方合わせると「三ツ葉葵」が完成する。

大樹寺と高月院の限定御朱印（志納料：500円）。
2023年1月1日より大樹寺と高月院の限定御朱印
（頒布期間は令和5年中。なくなり次第終了）。

頒布場所DATA

頒布場所	授与所
志納料	300〜1,500円

家康公ゆかりの品々が眠る 松平家・徳川将軍家の菩提寺

文明7年（1475）、松平家4代親忠により勢誉愚底（せいよぐてい）上人が開山した愛知県岡崎市にある浄土宗の寺。桶狭間（おけはざま）の戦いで敗れた家康公が岡崎へ逃げ帰り、大樹寺の周りを敵に取り囲まれ自害を試みた時、住職の教えにより切腹を思いとどまったことから、家康公再起の場として歴史的にも大きな役割を果たしたお寺である。

境内には松平家8代の墓や、国の重要文化財であり家康公の祖父・松平清康が天文4年（1535）に建立した、東海地方随一の美しさと称えられる多宝塔がある。また「将軍御成りの間」に描かれた幕末の大和絵師・冷泉為親作「襖絵（障壁画）」の精巧な復元画や、桶狭間の戦い後に大樹寺に逃げ込んだ家康公を守ったかんぬきを厨子に入れ祀った「貫木神」、歴代将軍家等身大位牌や、家康公73歳の時の木像などが拝観できる。三門から総門を通して、南方に岡崎城が見えるよう伽藍の配置が工夫されており、徳川家と大樹寺の関係の深さがうかがえる。

木造徳川家康坐像
現在墓地になっているところにあった御霊屋に安置されていた像。
正保4年、左京法橋康以作。寄木造、玉眼、彩色、像高47cm。

徳川家康公お手植えの椎の木
将軍お手植えと伝わる立派な椎の木。
市の天然記念物に指定されている。

季節の御朱印 多宝塔(白)
多宝塔と雪の結晶が切り絵で施されている。
(志納料:1,100円※台紙なしは1,000円)

山門
寛永18年（1641）に三代将軍家光公が建立した。楼上に後奈良天皇の勅額「大樹寺」（重要文化財）がかかげられている。また釈迦三尊16羅漢を安置。本堂からは山門、総門を通して一直線上に岡崎城を望むことができる。県指定文化財。

特別御朱印（立志開運）
総本山知恩院副門跡　大樹寺貫主による揮毫が施されている。左側は山門を起点に岡崎城と大樹寺を結ぶ歴史的眺望（ビスタライン）が切り絵で施されている。（志納料:1,500円）

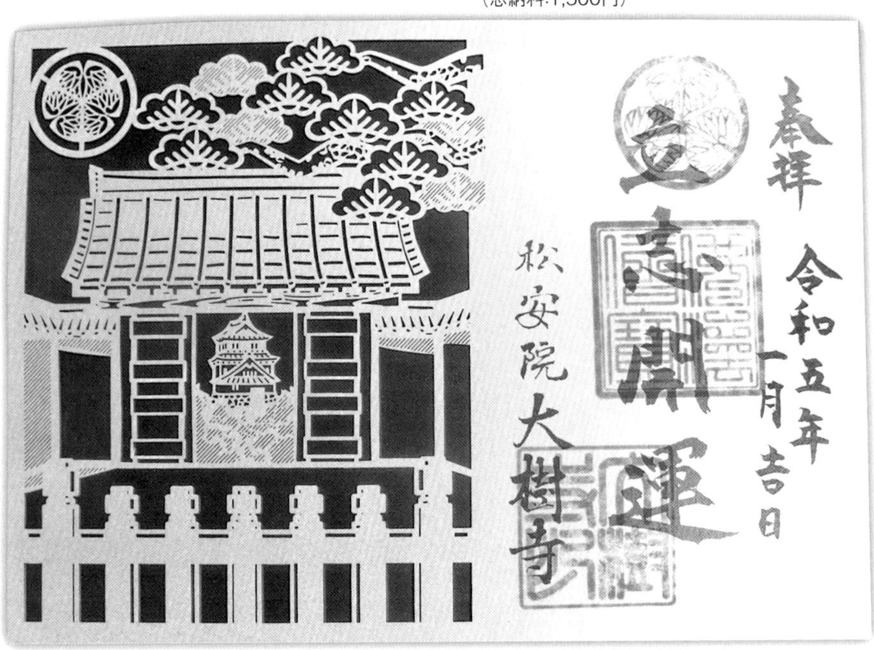

松平家徳川家位牌

境内の位牌堂の中に徳川将軍歴代の位牌と松平家歴代の位牌が祀られている。家康公の現存の位牌は当時のものではなく、家康公の13周忌にあたる寛永5年（1628）に尾張藩主義直公が調進したもの。位牌の高さは、将軍の身長にあわせてあるといわれている。

通常御朱印

中央には「厭離穢土 欣求浄土」の文字が揮毫されている。この言葉は家康公が19歳のとき、桶狭間の戦いで破れ大樹寺の先祖の墓前にて自害しようとしたときに13代住職登誉（とうよ）上人から授けられ自害を思いとどまったとされ、家康公が座右の銘とした言葉。（志納料:300円）

奉拝
厭離穢土
欣求浄土
三河
大樹寺
令和 五年 弐月 拾四日

松平八代・家康公墓地

元和元年（1615）、家康公が寺内に建立した先祖松平八代廟所。元和三年には家康公の一周忌が営まれ、現在の墓の姿が整ったとされる。昭和44年には岡崎市民が家康公の徳を顕彰して遺品を納めて墓と碑を建立した。

オリジナル御朱印帳

金箔の徳川家の家紋「三つ葉葵」と寺名が入ったオリジナルの御朱印。赤、青、緑と、紫の4色ある。

家康公を御祭神として祀る全国東照宮の創祀

久能山東照宮

くのうざんとうしょうぐう

「金陀美具足御朱印」（初穂料：700円、紫の台紙付き）。左上には徳川家の家紋「三つ葉葵」が施されている。

左下には国宝の御社殿が切り絵にて施されている。

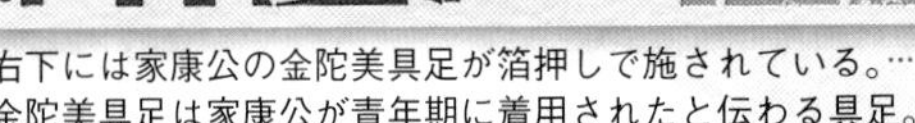

右下には家康公の金陀美具足が箔押しで施されている。金陀美具足は家康公が青年期に着用されたと伝わる具足。

頒布場所DATA

頒布場所	社務所参拝受付
初穂料	300〜700円

二代将軍秀忠公の命により創設 国宝・最古の東照宮建築

久能山東照宮の御社殿は、徳川家康公を祀る霊廟として元和3年（1617）に、二代将軍秀忠公の命により創建された。

家康公に手腕を高く評価された中井大和守正清の代表的な遺構として貴重であるとともに江戸時代を通じて権現造の社殿が全国的に普及する契機となった最古の東照宮建築として、わが国の建築史上深い意義を有している。家康公を「東照大権現」としてお祀りする久能山東照宮の創建により、このような建築様式は「権現造」と呼ばれるようになった。権現造、総漆塗、極彩色の御社殿は江戸初期の代表的建造物として国宝に指定されている。

また久能山東照宮博物館には、慶長16年（1611）、スペイン国王フェリペ3世から海難救助のお礼として家康公に贈られた洋時計が神宝として残されている。元和2年（1616）に家康公が薨去（こうきょ）の後、久能山東照宮に納められ、大切に保管されてきたもので、家康公の愛蔵品の一つとして、国の重要文化財に指定されている。

御社殿（国宝）
本殿と拝殿を床の低い「石の間」でつないだ、いわゆる権現造の形式をもつ複合社殿。家康公を「東照大権現」として祀る久能山東照宮の創建により、このような形式「権現造」と呼ばれるようになり、その後全国に数多く創建された東照宮の原型となった。

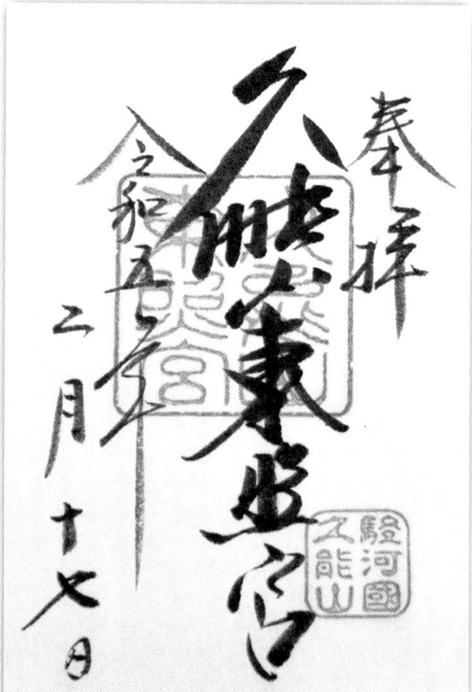

通常御朱印
久能山東照宮の通常御朱印。社名が揮毫され、社名印が押されている。
（初穂料:300円）

神廟
家康公の遺骸が埋葬された廟で、創建当初は木造桧皮葺の造りであったが、寛永17年(1640)に3代将軍家光公により高さ5.5m、外廻り約8mの石造宝塔に建て替えられた。家康公の遺命により生誕地である岡崎やその先にある大阪や京都を望む西向きに建てられている。

金の成る木御朱印
家康公にまつわる遺話「金の成る木」の御朱印。杉の木を朱印紙に利用しているため、杉の香りを感じられる。
(初穂料:700円※朱印紙のみの頒布)

家康公が家臣に「よろず程のよき(万事のよき)」「志ひふかき(慈悲深き)」「志やうぢき(正直)」と三本の幹を描き、「これを常に信ずれば必ず富貴が得られよう」と伝えた遺話に由来して、神廟のそばの大きな楠を「金の成る木」と称している。

歯朶具足前立朱印帳
徳川家康公の歯朶具足の前立をあしらった特別な御朱印帳。歯朶具足は家康公が関ヶ原の戦いなどで着用した具足で、徳川家吉祥の具足として扱われている。
（初穂料:2,300円（御朱印あり）、2,000円（御朱印帳のみ））

久能山東照宮御朱印帳
御鎮座四百年を記念して特別に奉製した御朱印帳。表紙には権現造の御社殿、1,159段の石段、駿河湾、そして久能特産石垣いちごが刺繍されている。裏表紙には葵の御紋をあしらわれている。
（初穂料:1,800円（御朱印あり）、1,500円（御朱印帳のみ））

万松寺

ばんしょうじ

織田信長公と徳川家康公の伝説が残る

御本尊 十一面観世音御朱印
万松寺の御本尊。その名の通り頭部に十一面の顔を持ち、あらゆる方向にいる人々の悩みを見てとり、救済することができるといわれている。

頒布場所DATA

頒布場所	万松寺境内「祈祷受処」
志納料	300円 ※書置き:500円、見開き:1,000円

尾張藩初代藩主徳川義直公の正室・春姫の菩提所

織田信長公の父・信秀が伯父の大雲永瑞大和尚を迎えて、織田家の菩提寺として天文9年（1540）に建立。御本尊は十一面観世音菩薩。山号は亀岳林。徳川家康公の父、松平広忠は岡崎を攻略しようとする信秀と対抗するため、今川と同盟を結び、6歳になる竹千代（後の家康公）を人質として駿河に送ろうとする。しかし、竹千代は田原城主・戸田康光により信秀に売られ、尾張へ海路逆走される。送られた竹千代は熱田の加藤図書助順盛宅、さらに万松寺で3年間、信秀の保護のもと暮らした。

創建時は名古屋市中区錦と丸の内2～3丁目にまたがった場所にあったが、慶長15年（1610）、名古屋城築城にあたって、家康公の命により現在の地に移転した。江戸時代には尾張徳川家の尊崇を受け、尾張藩初代藩主・徳川義直公の正室、春姫の菩提所になった。大正元年（1912）、37世大円覚典和尚が寺域の大部分を開放し、大須を名古屋の大繁華街にした。信長のからくり人形と白龍モニュメントが名物。

身代不動明王御朱印

元亀元年（1570）信長公が越前朝倉攻略の帰路、鉄砲の名手に狙い撃ちされたが、万松寺和尚からもらい受けた懐の干餅（餅を凍らせ乾燥させた保存食）に当たり難を逃れた。これも万松寺の不動明王のご加護によるものと言われ、後にその話を聞いた加藤清正が「身代わり不動明王」と命名した。

御深井観音御朱印

徳川春姫(徳川家尾張藩初代藩主・義直公の御夫人)の守護仏として名古屋城北側の御深井（おふけ）の里に祀られていたのでこの名がある。後に春姫様の菩提所、万松寺に移された。

本堂

御本尊・十一面観世音菩薩が祀られている本堂は昭和20年3月12日の名古屋大空襲により焼失。平成4年5月から再建がはじまり、周囲の都市景観とマッチした構造（地下一階、地上五階建て鉄骨鉄筋コンクリート造り）の本堂が建立された。

重軽地蔵御朱印

重軽地蔵は願いを叶えてくださる仏様として、長い間信仰されている。お参り前にお地蔵様を持ち上げ、次に願いを込めてお参りいただき、その後にもう一度お地蔵様を持ち上げてみて、前よりも軽く感じれば願いが叶うといわれている。

白雪稲荷御朱印

通称白雪稲荷（はくせついなり）、白雪咤枳尼真天（はくせつだきにしんてん）の御朱印。万松寺の地に千年も前から住んでいた白狐が白雪様の狐族となって祀られ、万松寺が困窮した際に御小女郎に化身し金を工面し救ったというお話も。

菩提所御朱印

万松寺は信秀（信長の父）が菩提寺として開基した寺院。また徳川義直公夫人の春姫の菩提寺でもあることから、頒布されている御朱印。

御本尊 十一面観世音見開き御朱印
万松寺の御本尊の見開き金墨御朱印。十一面観世音菩薩は人々をさまざまな苦難から救うため11の顔で全方位を見守り、衆生六道に生きる全てのものを救う観音様。

白龍見開き御朱印
3頭の白龍を描いた見開き金墨御朱印。仏法において龍は「守護神」であり、白色は「清浄」を表している。

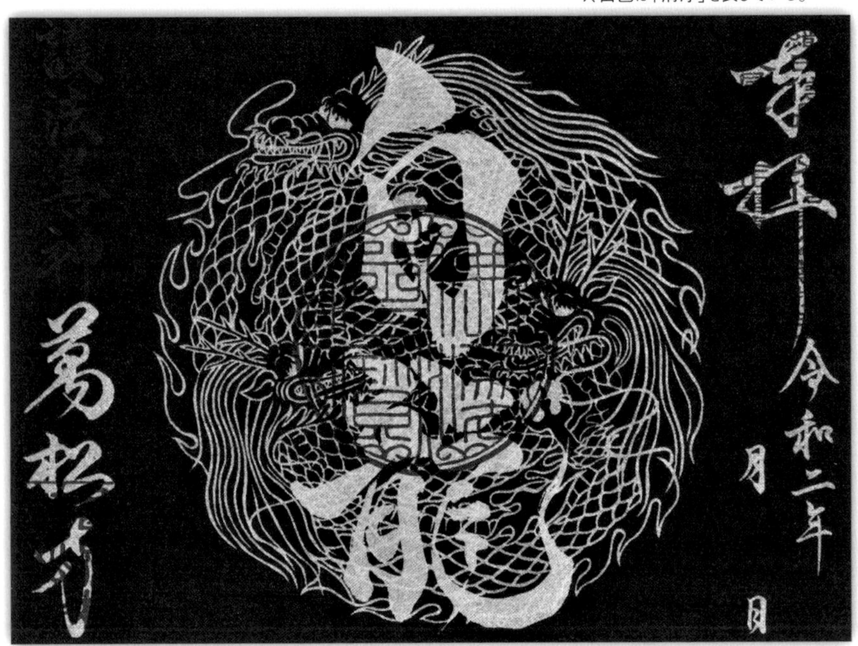

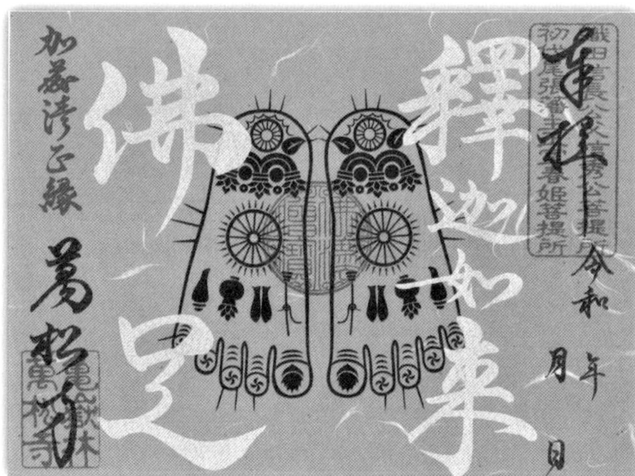

仏足見開き御朱印
万松寺に奉納されている仏足石の見開き金墨御朱印。仏足石とはお釈迦様の足跡を石に刻んだもの。万松寺の仏足石は加藤清正が名古屋城築城の際に天守閣の石垣として集められた石材の中から発見された。清正は身代不動明王によく参拝しており、この仏足石を奉納したとされている。

白雪稲荷見開き御朱印
万松寺の白雪稲荷の見開き切り絵御朱印。背景紙として金箔市松柄の友禅紙を併せて授与。万松寺の人気キャラクター「はくび」をモチーフとした、金運や商売に縁起の良い御朱印となっている。

「ベーシック(和紙)」御朱印帳
和紙を使用した表紙に、織田瓜紋と葵紋が箔押しされている。万松寺は織田家の菩提寺で、かつ徳川家の姫である春姫様の菩提所となっており、両家の家紋が並ぶ珍しい御朱印帳となっている。表紙裏には「萬松寺」の文字入り。
(志納料:2,000円)

「織田信秀(虎)」御朱印帳
「尾張の虎」と呼ばれた織田信秀をモチーフとした絵柄を施した、大判の御朱印帳。表紙裏には「尾張の虎」の文字入り。
(志納料:2,000円)

徳川家康公が名付け親の古刹

可睡斎（かすいさい）

通常御朱印の１種「三尺坊大権現」の御朱印。上部に徳川家の家紋「三つ葉葵」が押されている。

可睡斎の名の元となった「和尚睡る可し」の文言が入っている。

家康公と仙隣等膳和尚のかわいらしいイラストが描かれている。

頒布場所DATA

頒布場所	萬松閣（総受付）
志納料	300円

秋葉総本殿三尺坊大権現を祀る善道場

室町時代初期に開山された曹洞宗の寺院。山号は万松山。東海道一の禅道場で、全国から多くの修行者が集まる。聖観世音菩薩が御本尊であるが、明治6年に秋葉寺から秋葉総本殿三尺坊大権現が遷座され、火防の霊場となった。

徳川家康公とのご縁は、家康公が幼少の頃に、第11代住職の仙隣等膳和尚に教育を受けたことにはじまる。その後、浜松城主となった家康公が和尚を城に招いた際、道中の疲れからか、当時を懐かしむ話の途中で和尚が居眠りをはじめてしまった。この姿を見た家康公は、和尚を叱ることなく微笑んで「和尚、我を見ること愛児の如し。故に安心して睡る。我その親密の情を喜ぶ。和尚睡る可し　睡る可し」と言い、それ以来、和尚は「可睡和尚」と呼ばれるようになった。また、本来は東陽軒という寺だったが、いつしか「可睡（眠ってもいい）斎（寺）」に名称が変更された。初春の「ひなまつり」、夏の「風鈴まつり」、冬の「秋葉の火まつり」が有名で、多くの参詣者が訪れる。

本堂(法堂)
重厚な入母屋造りの本堂は、明治の中頃に冨里(旧浅羽町)の松秀寺から移築したもの。向拝の軒下や梁の上には、美しい装飾彫刻がなされている。

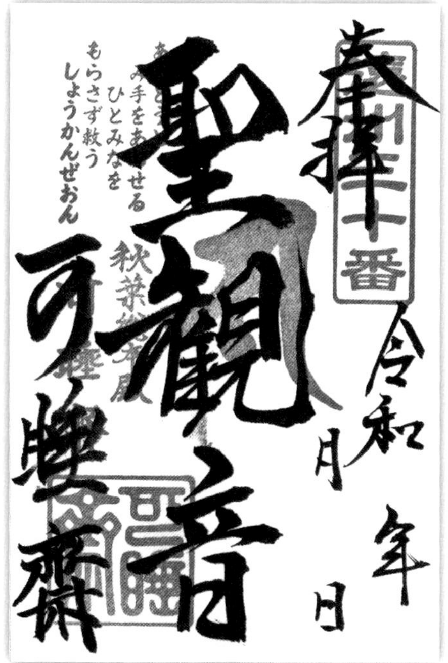

「聖観音」御朱印
可睡斎の御本尊である聖観世音菩薩の御朱印。遠州三十三観音霊場の10番札所でもある。

「秋葉総本殿」御朱印
江戸時代まで秋葉山(秋葉寺)にあった「秋葉三尺坊大権現」の御神体の御朱印。

オリジナル御朱印帳「三尺坊大権現様」

オリジナル御朱印帳「牡丹」

御真殿

1300年の歴史を持つ秋葉三尺坊大権現様の御真躰を祀る火防の総本山。有栖川宮幟仁親王による「秋葉総本殿」の扁額が黄金に輝いている。

御真殿には家康公と仙隣等膳和尚の「睡る可し(ねむるべし)」の一場面を描いた絵が飾られている。

大東司

昭和12年に完成した、日本一の大東司と謳われる男女兼用の水洗トイレ。禅宗では東司の仏様として祀られる烏芻沙摩明王像(高村晴雲作)が祀られている。

出世六の字穴

三方ヵ原の戦いで武田信玄率いる武田勢に追われた家康公が隠れて命拾いをしたと伝えられる洞穴。その後、家康公が天下泰平の世を作ったという出世の故事になぞらえて、出世六の字穴と呼ばれれるようになった。六の字とは、六観音から名付けたものと言われ内部は数字の6の字の形状をしている。現在入洞は禁止されている。

出世六の字穴の洞内にある地蔵菩薩。

如来寺（にょらいじ）

将軍家累代の位牌を安置

如来寺の特別御朱印は動植物画家umi.（うみ）氏によって描かれている。

特別御朱印『家康と家光～春～』。如来寺の通年御朱印として、平和な世になることを祈念して作られた。桜を見守る家康公が描かれている。

頒布場所DATA

頒布場所	寺務所※郵送には対応しておりません。
志納料	1,000円

徳川家光公の御殿が存在した日光東照宮の手前にある名刹

室町時代中期（1478年頃）に金蓮社暁誉最勝大和尚によって創建された浄土宗の寺院。本尊の阿弥陀如来坐像は恵心僧都源信作と伝えられている。

寛永9年（1632）4月、日光東照宮御造営の際、3代将軍・徳川家光公が宿泊するために、寺の境内に壮大な御殿が造立した。家光公は同年3月に亡くなった2代将軍・秀忠公の喪に服し、4月17日の家康公の命日に井伊直孝を代わりに参らせた。寺に滞留した家光公は荊沢村十三石余・水無村十五石余・土沢村の内にて五斗余、合わせて朱印寺領三十石を寄進。それから寺は幕府の厚い庇護を受け、将軍家累代の位牌を安置した。しかし、寛保2年（1742）と延享3年（1762）の火災により建物・宝物・記録文書などの多くが焼失。御殿は再建されず、本堂西北裏が御殿地として残った。現在は本堂内に徳川将軍家位牌所として、家康公から12代将軍・家慶公までの位牌が祀られている。また、報徳仕法の祖、二宮尊徳翁の終焉の地としても知られている。

本堂
現在の本堂は開山500年記念事業として書院・庫裡・寺務所と合わせて大改修され、平成9年4月に落慶された。柱や梁などの一部に、寛保2年、そして宝暦12年の今市宿大火を免れた木材が使われている。

「聖観音菩薩」御朱印
下野33観音札所第4番である聖観世音菩薩の御朱印。

位牌所
本堂内にある徳川将軍家位牌所。家康公から12代将軍・家慶公までの位牌が祀られている。

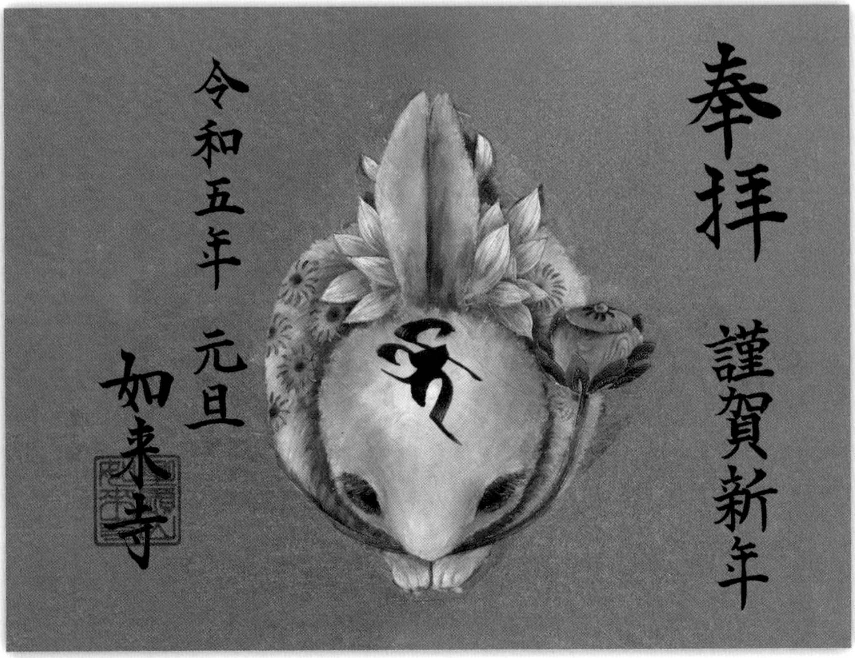

睦月の御朱印『応病与薬』

特別御朱印『祈り』

奉拝
令和四年
卯月
釋迦如来
如来寺

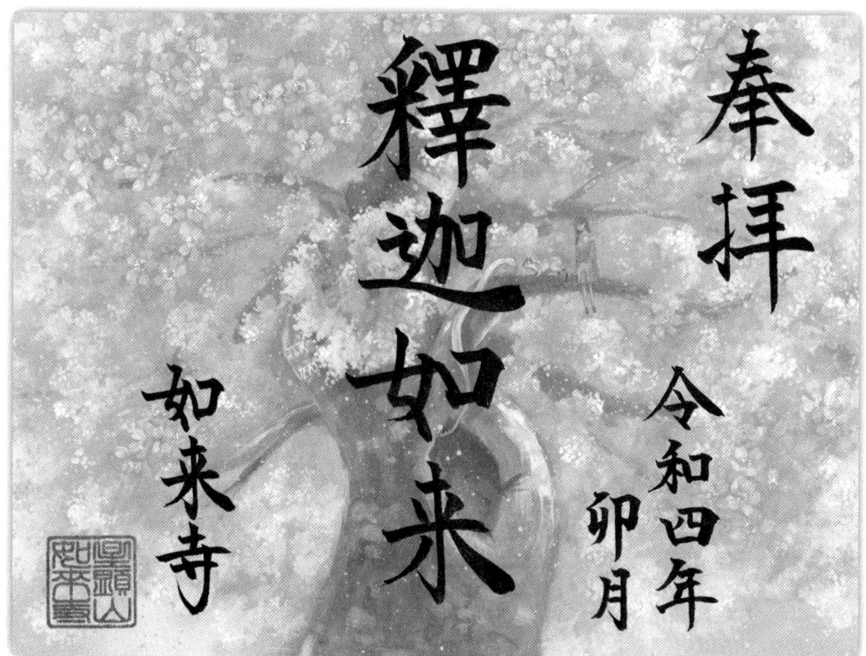

卯月の御朱印『猫と散歩～春の寺参り～』

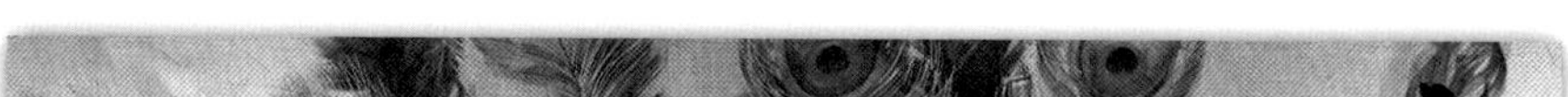
奉拝
令和四年施餓鬼
阿弥陀如来
星顕山光明院
如来寺

施餓鬼御朱印『クレア』

葉月の御朱印『spooky~Midnight sun~』

文月の御朱印『EASY WAY』

長月の御朱印『SPOOKY~yours~』

今市小学校150周年記念御朱印『The Unknown』

師走の御朱印『夢を描く龍』

車止め地蔵尊
境内の地蔵堂には、北条政子ゆかりの車止め地蔵尊が祀られている。

umi.doodle×如来寺ご朱印帳
「如来寺の龍『A~nyoraiji~』」
如来寺の境内で行われた法要法楽『龍絵法要』で描かれた絵がデザインされている。
（志納料:2,200円）

山椒柱
大庫裡に立つ柱は梨の大樹で、家光公が日光東照宮に参拝の折りに如来寺で休息した際、光り輝き品格と見事さに打たれて柱の材質などについて問われ、「この産所は?」と聞かれた案内の僧が誤解して「山椒」と答えたことから、以後、山椒柱と呼ばれるようになった。

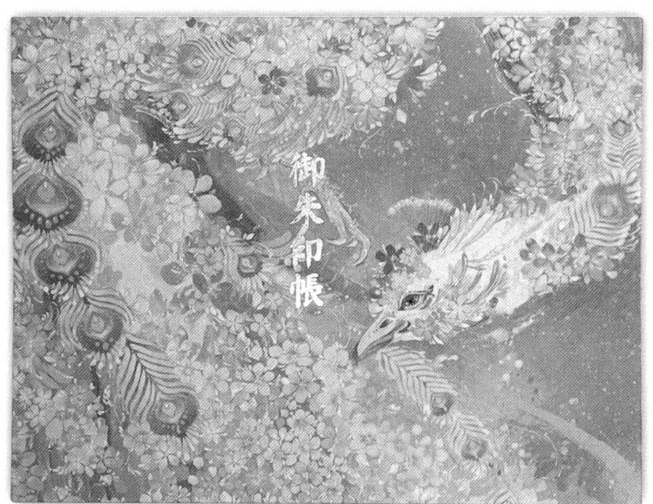

umi.doodle×如来寺
ご朱印帳「花雀」
鳳凰が描かれている見開きの御朱印帳。
（志納料:4,400円）

本證寺

ほんしょうじ

三河一向一揆の拠点となった城郭寺院

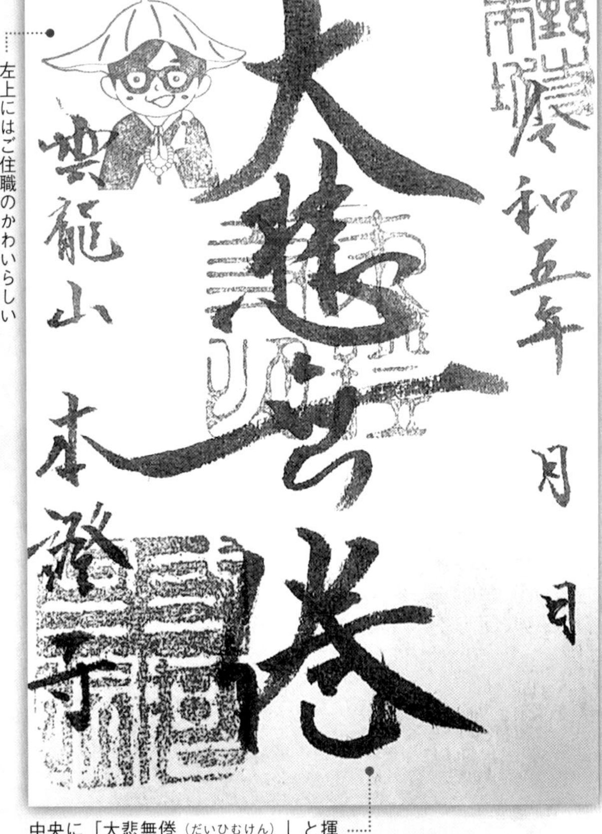

左上にはご住職のかわいらしいイラストの印が押されている。

中央に「大悲無倦（だいひむけん）」と揮毫されている。「阿弥陀如来の慈悲は、あきることがない」という意味。

頒布場所DATA

頒布場所	授与所
志納料	300円

城郭伽藍の遺構が残る浄土真宗大谷派の寺院

鎌倉時代後期に慶円上人によって創建されたと伝えられる真宗大谷派の寺院。室町時代中期には連如の布教によって本願寺派に属し、真宗三河三か寺として大きな勢力をもっていた。永禄6年（１５６３）に起こった三河一向一揆で、本願寺門徒であった家康家臣侍の一部が離反し寺院に立て籠もり、鎮圧され、三河は真宗禁制の地となった。その後天正13年（１５８５）に禁制が解かれると、本堂などの再建を果たし、江戸時代には三河触頭三か寺の一つとして再興を遂げ、その末寺は二百余寺を数えるほどの寺勢を誇った。

本堂は本證寺の建造物群の中でも最も古く、寛文3年（１６６３）に建立されており、県指定文化財になっている。境内は二重の堀と土塁に囲まれるなど城郭的防備に主眼を置いた伽藍配置になっており、「城郭伽藍」・「城郭寺院」とも呼ばれており、現在でも往時の面影を見ることができる。また、国指定重要文化財の「聖徳太子絵伝」など数々の寺宝を有する。

本堂
本證寺の建造物群の中でも最も古く、寛文3年（1663）に建立されており、県指定文化財になっている。

境内には現在でも鼓楼や一部の水濠が残り、城郭伽藍としての面影を見ることができる。

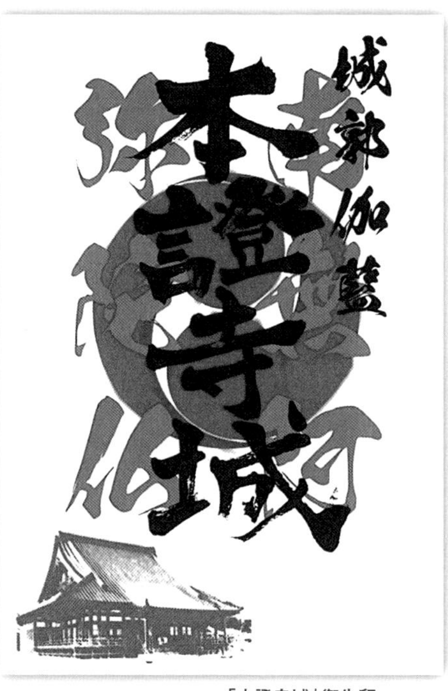

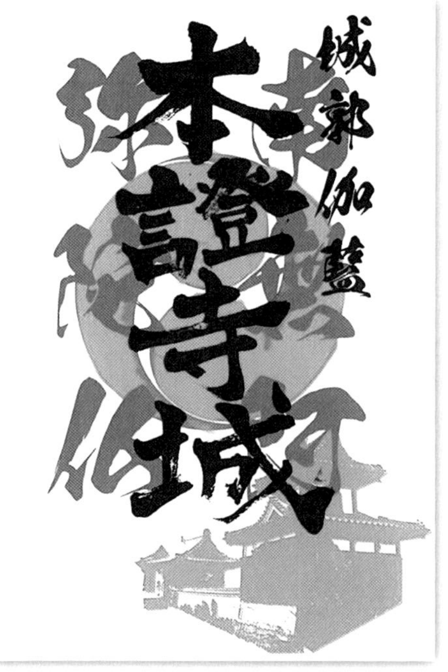

「本證寺城」御朱印
三河一向一揆の拠点になり、城郭伽藍が残ることから、本證寺城の揮毫と伽藍の絵柄で表した御朱印。赤色のバージョンは本堂、青色のバージョンは城郭伽藍の絵柄が入っている。

清見寺(せいけんじ)

家康公が幼少時に教育を受けた名刹

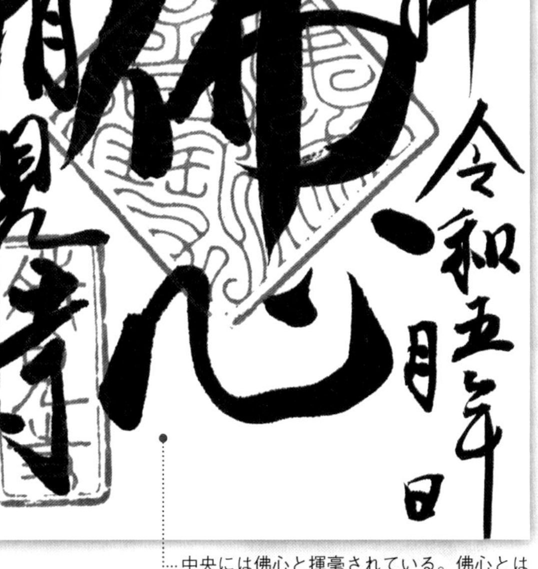

中央には社印、左上には「五百羅漢」の印、左下には「清見寺」の揮毫と印がある。

中央には佛心と揮毫されている。佛心とは「仏の心。全ての生き物が生まれながらに持つ仏になることのできる性質」を表す。

頒布場所DATA

頒布場所	寺務所
志納料	300円

戦国時代に数々の戦国大名が城として陣を敷いた

清見寺は白鳳年間（7世紀後半）、東北の蝦夷の備えに設けられた清見関と呼ばれる関所の傍らに仏堂が建てられたことにはじまる。平安時代には天台宗であったが、鎌倉時代中頃に関聖上人が再興し、弘長2年（1262）に、京都東福寺を開いた聖一国師を大導師に招き、禅寺としての落慶法要を盛大に営んでいる。室町幕府を開いた足利尊氏は清見寺を深く崇敬し、室町幕府は清見寺を官寺と定め、日本を代表する「全国十刹」の中に置き保護した。戦国時代には今川・徳川・武田・北條等の戦国大名が度々陣を敷き城として使用したため一時期荒れ寺となったが、今川義元の後援を受けた太原崇孚禅師が清見寺を復興させ臨済宗妙心寺派に属させた。徳川家康公との縁は幼少時に今川氏の人質として駿府にいた頃、太原和尚より教育を受けたことにはじまり、家康公の三女静照院が本尊釋迦弁尼仏と大方丈の大玄関を寄進するなどの縁で三つ葉葵の紋を許され、二百余石の朱印地を有し徳川一門の帰依を受けた。

大方丈
文政8年(1825)に改築され、内陣には十一面観世音菩薩の坐像が安置されている。西の間の奥には徳川家康公「手習いの間」の遺構を保存している。

仏殿
天保13年(1842)に再建された。正面には釈迦如来の坐像(徳川家康 三女静照院寄付)を泰安し、両脇に迦葉、阿難の両尊者の像、背後には三開人(開山 関聖上人、準開山 太原崇孚禪師、中興開山 大輝祥暹禅師)の木造が安置されている。

山門
慶安4年(1651)に建築された山門。屋根は檜皮葺であったが明治22年(1889)に現在の瓦葺に改められた。清見寺所蔵の冊子「巨龜山旧雑記」には山門の設計は左甚五郎の弟子で、釘を一本も使ってないのが特徴であると記されている。

名勝庭園
庭園は築山池泉廻遊観賞園で、名勝として国の指定を受けている。最初の築庭には家康公の意向が入れられ、江戸時代初期に山本道斎によって作られたといわれている。

家康公のルーツである松平氏の菩提寺

高月院
こうげついいん

高月院と大樹寺の限定御朱印（志納料：500円）。2023年1月1日より高月院と大樹寺の限定御朱印（頒布期間は令和5年中。なくなり次第終了）。

高月院と大樹寺の両方を合わせると「三つ葉葵」が完成する。

頒布場所DATA

頒布場所	授与所
志納料	通常:300円、特別御朱印:500円

松平氏初代・親氏が寄進し松平氏の菩提寺に

高月院は1367年に足助次郎重宗の子、重政（寛立上人）が松平郷の開拓領主、在原信盛の子である信重の援護を受けて「寂静寺」として建立したといわれている。

松平氏は、信重の末娘の婿となった徳阿弥という旅の遊行僧が親氏（ちかうじ）と名乗ったことにはじまる。

1377年に親氏が本尊阿弥陀仏をはじめ、堂・塔の全てを寄進してから「高月院」と寺名を改め、松平氏の菩提寺となった。その後、徳川家康公によって寺領100石が与えられ、明治維新まで時の将軍家から厚い保護を受けていた。

山門や本堂は、寛永18年（1641）に三代将軍家光公によって建てられたものといわれている。

松平氏墓所には、松平親氏、二代泰親、四代親忠夫人の宝篋印塔三基が祀られている。また、家康公（竹千代）による、書「花月一窓（非公開）」を所蔵している。

本堂

現在の本堂は寛永18年(1641)に家光公によって建立された。本堂では毎朝誰でも参加できる朝のお勤めを行っている。毎朝6時30分より30分間。終わり次第5分程度法話が行われる。

松平家墓所

高月院本堂の左手奥には、葵の紋の石扉の松平氏墓所があり、松平親氏、二代泰親、四代親忠夫夫人の宝篋印塔三基が祀られている。

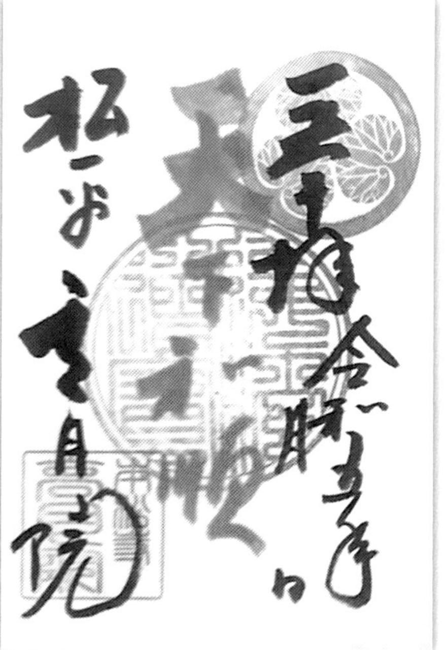

通常御朱印

中央の社印の上に松平家の初代・親氏が天下太平を祈念し使ったとされる願文の一節「天下和順(てんげわじゅん)」の文字が入り、右上には徳川家の家紋、左下には社名印が押されている。

山門大改修特別御朱印

長年の風雨で山門などが損傷し、修繕費に充てるために発行している特別御朱印。徳川の家紋「三つ葉葵」を金色であしらっている。金、赤、黒、緑の4色で裏はシールになっている。

赤堂観音 蓮華寺

あかどうかんのん れんげじ

赤堂観音と呼ばれる家康公の忠臣・藤堂高虎幻の居館跡

『栃尾谷城本居館址・藤堂高虎ノ図 武1』。藤堂高虎がはじめての知行地に自身の城として初めて築城した栃尾谷城にちなんだ御朱印。

蓮華寺は、直接参拝できずとも、あらゆる方々が御仏の加護が得られるようにと思い、御祈願を通じて御本尊とご縁を結び朱印を拝受する形（遥拝御朱印）も取っている。

頒布場所DATA

頒布場所	授与所
奉納料	1,000円

空海直筆の写経が納められた寺 遥拝御朱印発祥の地

兵庫県養父市にある赤堂観音 蓮華寺は、平安時代に弘法大師空海が、大屋川左岸の草庵に般若心経写経を納めたのが始まりと伝えられている。この地は後の津藩主藤堂高虎の居館跡といわれている。江戸時代初期に藤堂高虎居館跡に対岸より移築し『秘仏・聖観世音菩薩』（県指定文化財）をご本尊とする大悲閣を建立。このお堂の全体を紅色に染めたことから赤堂観音と呼ばれている。その後藤堂家家臣により、享保年間に伽藍境内の造営が行われ、本尊弥勒菩薩や本堂が新たに落慶され、山号を改め『西谷山 蓮華寺』となる。

境内には、藤堂高虎時代の石垣、堀跡を利用した「密厳浄土庭園」・「阿字池庭園」（市指定文化財）、さらに高虎・久芳院お手植えの樹齢450〜600年という紅梅では日本一長寿の「天正ノ老紅梅」（市指定文化財）や根元から次から次へと芽が出てくる「子宝桜」も有名。良縁・子宝・安産のほか、藤堂高虎が結婚し出世した地であることから良縁成就・夫婦円満・立身出世などのパワースポットでご利益のあるお寺といわれている。

本堂

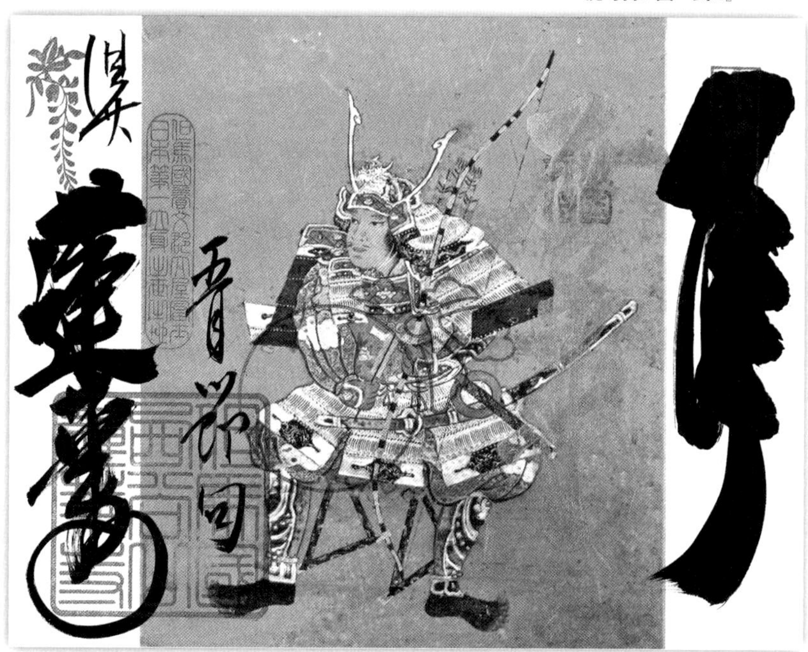

『栃尾谷城本居館址・藤堂高虎弓持ノ図 武2』

特別御朱印帳
高校生（制作当時）のクリエイターと国内特殊印刷最高峰の技術でハイエンド版として企画した御朱印帳。新型コロナウイルスやアマビエに対するさまざまな想いが込められている。
（奉納料:6,000円）

本尊 弥勒尊
蓮華寺の御本尊・弥勒尊の御朱印。

五大力御朱印
蓮華寺の寺宝である五大力（金剛利、金剛宝、金剛夜叉、金剛手金剛波羅蜜多）の御朱印（画像は金剛波羅蜜多）。五大とは、「知力・体力・財力・寿力・福力」で、我々に必要なすべての願いを叶える仏様。祈願奉納料6枚1セット6,000円（御朱印単体のお申込も可能）。

紫燈護摩 火渡り 毘沙門天

アマビエ御朱印

高校生(制作当時)のクリエイターが制作した御朱印。アマビエのイラストが描かれている。(奉納料:2,000円)

松平東照宮

まつだいらとうしょうぐう

家康公と松平氏の始祖親氏を祀る神社

左上には親氏の銅像があしらわれている。

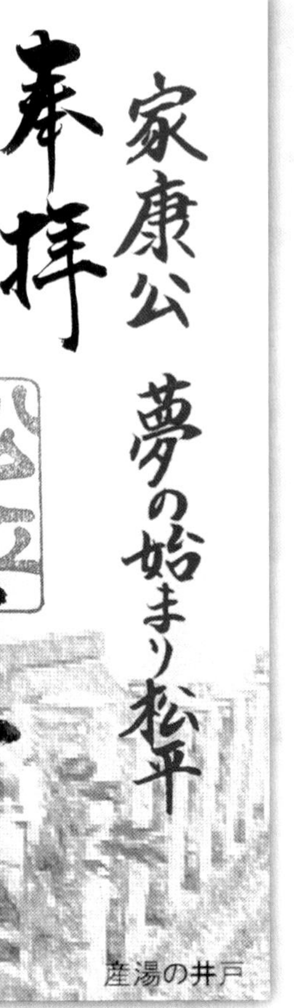

松平家で代々使われ家康公が生まれた際も産湯を汲んだと伝えられる「産湯の井戸」があしらわれている。

大河ドラマの放映を記念して、授与を始めた御朱印。「家康公 夢の始まり 松平」、松平東照宮の揮毫と社名印、徳川家の家紋「三つ葉葵」があしらわれている。

頒布場所DATA

頒布場所	社務所
初穂料	通常:300円、 限定:500円

家康公を合祀して東照宮となった

松平東照宮は徳川家康公と、松平氏の始祖である親氏(ちかうじ)を祀る神社。この地はもともと松平家の屋敷があった場所で、八幡宮と称して松平家の屋敷内に祀ったことにはじまる。境内には産湯の井戸があり、代々この井戸を産湯に用いた。

また、現存する水濠や石垣は、松平太郎左衛門家九代尚栄によって関ヶ原の戦いの後に築かれている。

元和5年(1619)に家康公の御分霊を久能山東照宮より勧請し、家康公を合祀して松平東照宮となる。後に昭和40年(1965)には親氏も合祀している。

松平東照宮の南にある御城山には、親氏が築いた郷敷城とも言われる山城があった。城には、本丸と二の丸があったと言われ、山腹には山を包む様に約400mの空堀の跡が残っている。

城跡は室町時代の典型的な山城であったと推測されるもので、日頃は松平郷の居館にすみ、いざ戦いとなるとこの城にたてこもったといわれている。

拝殿
拝殿の漆絵の天井画は2015年に新調されたもので、徳川家康公400年祭メモリアル事業として安藤則義氏が2年の歳月をかけ施した。松平郷に咲く草花を題材に描かれている。

松平親氏公銅像
松平郷園地の入口に佇む初代親氏の銅像。

産湯の井戸
在原信盛が掘ったと言われる井戸。松平家は代々この井戸の水を産湯に用い、竹千代(家康公)が誕生した際もこの水を竹筒に入れ早馬で届けたといわれている。

通常御朱印
松平東照宮では、通常御朱印として「松平東照宮」「奉拝」の2種類が用意されている。

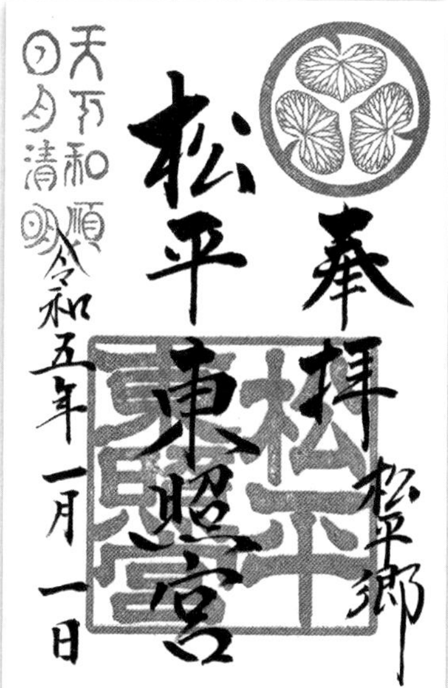

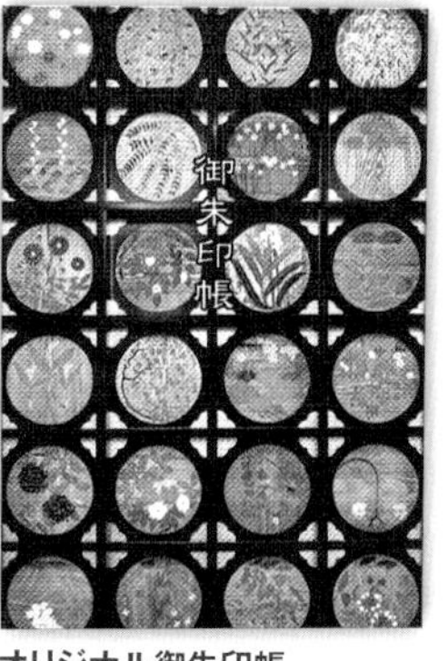

オリジナル御朱印帳
拝殿格天井画をモチーフにした御朱印帳。
(初穂料:1,300円
※ビニールカバー付き)

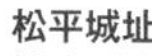

松平城址
親氏が築城したと伝わる郷敷城跡に立つ石碑。

家康公を祀る城下町広島の〝総鎮守社〟

広島東照宮

ひろしまとうしょうぐう

東照宮御朱印。中央には広島東照宮の墨書と社名印が押されている。

「東照宮御祭礼略図絵」に描かれている「通り御祭礼」の様子。

頒布場所DATA

頒布場所	授与所
初穂料	500円

家康公薨去後33年忌に二葉山の山麓に造営された

広島東照宮は徳川家康公を御祭神にお祀りした神社。家康公薨去後33年忌に当る慶安元年（1648）、当時の広島藩主浅野光晟（浅野家第四代）によって、広島城の鬼門（北東）の方向に当たる二葉山の山麓に造営された。光晟の生母は、家康公の第三女、振姫（ふりひめ）であったことから、祖父家康公の御遺徳を敬慕すると共に、城下町の平和を願って神霊を祀った。

広島東照宮の広島神輿行列「通り御祭礼」は花や人形などで華やかに飾った山車を曳き、町中を練り歩く大神輿行列であり、江戸時代より家康公薨去後50年ごとに行われてきた伝統行事である。

社殿は、昭和20年8月6日の原子爆弾の被害を受け、現在の社殿は、昭和40年4月、家康公薨去後350年祭を記念して再建されたものである。被爆による焼失を免れた唐門・翼廊・手水舎・本地堂・御供所・脇門・神輿および麒麟獅子頭は、広島市指定重要有形文化財である。

拝殿
本殿とともに昭和20年8月6日の原子爆弾により焼失。現在の建物は昭和40年4月、350年式年大祭を記念して再建されたもの。

翼廊（よくろう）
唐門の左右に十間ずつ建てられている切妻造の翼廊。戦後、屋根が桟瓦葺となっていたが、平成20年度から23年度まで4年かけて保存修理工事を行い、本瓦葺となり、ほぼ創建当初の華麗な姿に復原された。

寅の日限定御朱印
寅の日に頒布される御朱印。「寅年、寅日、寅刻」にお生まれになった東照宮御祭神である家康公にちなんだ御朱印。

金光稲荷神社の御朱印
境内社である金光稲荷神社(きんこういなりじんじゃ)の御朱印。社名の揮毫と社名印。広島東照宮で頒布している。

碇神社の御朱印
中区白島に鎮座している碇神社の御朱印。毎月1日と正月、夏越祭、秋祭以外は東照宮で頒布している。

金光稲荷神社(きんこういなりじんじゃ)
宇迦之御魂神(うかのみたまのかみ)、稲荷大神。今から約250年前より二葉山山頂に祀られた広島東照宮の境内社。商売繁盛・家内安全等、諸願成就の神様として称えられてきた。毎月1日・15日には、広島一円から多数の参詣者がある。

大神輿
通り御祭礼の大神輿は東照宮が創建された慶安頃（1648～51年）の製作。重さ二百貫（約800kg）で50人で担ぐという。原爆での焼失を逃れ、現在神輿蔵に納められている。

全国東照宮巡り御朱印帳
現在、全国の徳川家康公を祀る神社52社が加盟している東照宮連合会。その加盟神社を巡りこの専用御朱印帳で10社の御朱印を集印すると記念品をもらえる。（初穂料:2,100円）

オリジナル御朱印帳
徳川家の家紋「三つ葉葵」と唐門・翼廊がデザインされている御朱印帳。（初穂料:2,100円）

徳川家康公ゆかりの
御城印・御来山印

御朱印だけでなく、徳川家康公ゆかりの印として、
全国の自治体などが発行している御城印も
お城の観光の記念にぜひ手に入れたい。
また土肥金山、生野銀山も家康公ゆかりの地として
御来山印を発行しているので、合わせて紹介する。

岡崎城

おかざきじょう

家康公出生の城

家康公が生まれたことから神君出生の城と呼ばれる。家康公は長い人質生活の後、この城を拠点に天下統一への礎を築いた。元和3年（1617）に本多康紀が城主の際に建てられた天守は1959年に再建され岡崎市のシンボルとなっている。

頒布場所DATA

販売場所	岡崎城天守1階売店
販売料金	300円（税込）

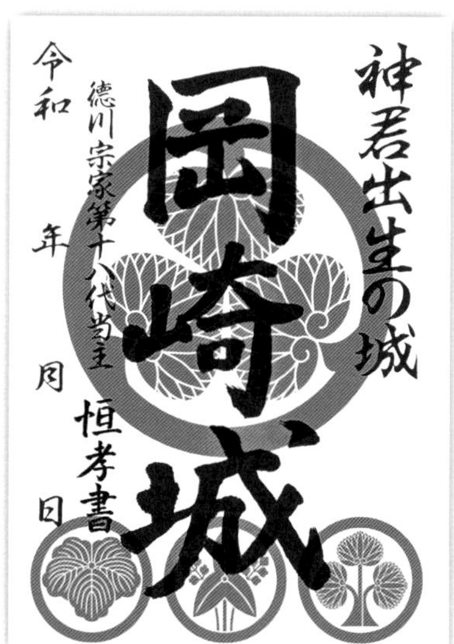

通常御城印

墨書は徳川宗家第18代当主、徳川恒孝氏が揮毫したもの。徳川家の「三つ葉葵」の他、本多氏の家紋「丸に立ち葵」、水野氏の家紋「沢瀉」、松平氏の家紋「蔦紋」と歴代城主の家紋がデザインされている。

岡崎城リニューアルオープン記念「切り絵御城印」

岡崎城天守と岡崎市の花である桜と藤、そして江戸時代の歴代城主の家紋を藤色の切り絵にデザインした。（販売料金：800円）※数量限定のため完売の可能性あり。

浜松城（はままつじょう）

家康公が遠江進出の拠点とした城

家康公が29歳～45歳までの17年間を過ごした城で、その間に姉川の戦い、三方ヶ原の戦い、小牧・長久手の戦いなどが起きている。後、代々の徳川家とゆかりのある譜代大名が守り「出世城」と呼ばれる。

頒布場所DATA

販売場所	天守閣1階売店・天守門
販売料金	通常:300円（税込）、限定:500円（税込）

切り絵御城印
2023年大河ドラマ放映を記念した切り絵の御城印。繊細な加工技術に注目したい。浜松城の隠れ人気のハート石も表現している。

通常御城印
中央には徳川家の家紋「三つ葉葵」と浜松城の墨書。右下には再建された模擬天守のシルエットが描かれている。

駿府城（すんぷじょう）

晩年を過ごした大御所政治の拠点

家康公は江戸幕府を開いた後、すぐに息子の秀忠公に将軍職を譲り、大御所となる。その晩年に過ごした城で、大御所政治の拠点としてこの駿府城で采配をふるった。

頒布場所DATA

販売場所	東御門 ・巽櫓内お土産売り場
販売料金	突板:500円(税込)、 和紙:300円(税込)

駿府城では和紙を使用したバージョンの他に、静岡市が現在の突板の発祥地と言われ、静岡の地場産業の一つとなっていることにちなみ、ヒノキの突板を使用したバージョンがある。

近世城郭の完成形
名古屋城（なごやじょう）

関ヶ原の戦いに勝利した家康公が、東海地方の要として築城した城。当時の最先端の技術が注ぎ込まれ、金鯱を頂く五層五階の天守閣は史上最大の延床面積を誇る。後に家康公の子・義直公が初代藩主として入り、尾張徳川家の居城として栄えた。

頒布場所DATA

販売場所	本丸御殿 ミュージアムショップ
販売料金	金鯱印: 12,000円(税込)、 御殿印:18.000円

歌川広重
尾州名古屋真景金鯱印
金箔の御城印で二代目歌川広重の「諸国名所百景　尾州名古屋真景」があしらわれている。

本丸御殿狩野家
竹林豹虎図御殿印
金箔の御城印で「名古屋城本丸御殿」の墨書に、幕府御絵師狩野家による「竹林豹虎図」があしらわれている。

三英傑が揃った難攻不落の城
佐柿国吉城（さがきくによしじょう）

元亀元年（1570）、国吉城は越前朝倉氏攻めの本陣として使われ、織田信長公が豊臣秀吉公や家康公を率いて入城したとされる。3日間滞在し軍議を重ね、金ケ崎の退き口で京へ退却する際も1泊したとも伝わる。

頒布場所DATA

販売場所	若狭国吉城 歴史資料館受付
販売料金	300円（税込）

令和5年期間限定御城印「徳川家康ゆかりの地」
2023年の大河ドラマ放映を記念した御城印。「徳川家康ゆかりの地」などと記され、丸みを帯びた字体は地元住民に依頼したもの。中央の「佐柿国吉城」がおしゃれな仕上がり。「難攻不落」の銀色のスタンプも押されている。
※令和5年12月28日までの限定販売。

通常御城印
国吉城の代名詞である「難攻不落」の印と、城主の粟屋氏の家紋「花菱に扇」があしらわれている。

土肥金山（といきんざん）

家康公が開発に力を注いだ伊豆最大の金山

慶長6年（1601）家康公が伊豆の金山開発に力を注ぎ、江戸時代に第一期黄金時代、明治から昭和にかけて第二期黄金時代を迎え佐渡金山に次ぐ生産量を誇った。昭和40年に閉山した後は観光施設として人気のスポットに。また、黄金館に展示してある250kgの巨大金塊はギネスにも認定されている。

頒布場所DATA

販売場所	入場券売り場、黄金館売店、本館売店
販売料金	450円（税込）

通常御来山印
江戸幕府直轄金鉱山であった土肥金山へのご来山記念として販売されている御来山印。

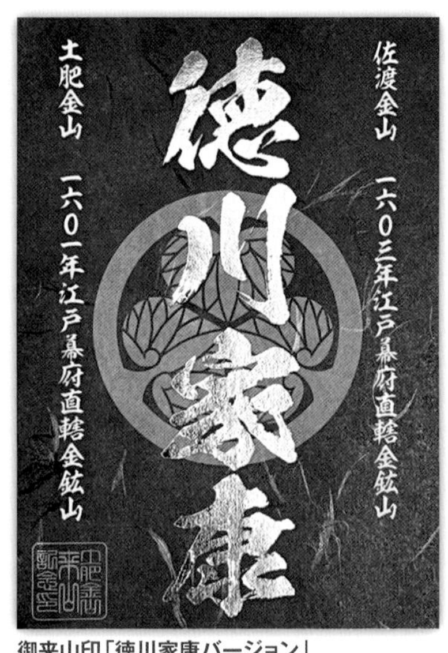

御来山印「徳川家康バージョン」
佐渡金山の世界遺産登録応援と大河ドラマの放映を記念して作成されたバージョン。「徳川家康」の文字が金色に輝いている。

生野銀山

いくのぎんざん

徳川幕府の財政を支えた天領

生野銀山は、竹田城を築いた但馬の守護大名山名氏が室町時代に開坑。その後、竹田城主を勤めた太田垣氏が銀山を守り、戦国の世以降、かの織田・豊臣・徳川それぞれの直轄鉱山として、時の政権の財政を支えたと言われている。

頒布場所DATA

販売場所	売店
販売料金	通常:300円(税込)、5周年記念:500円(税込)

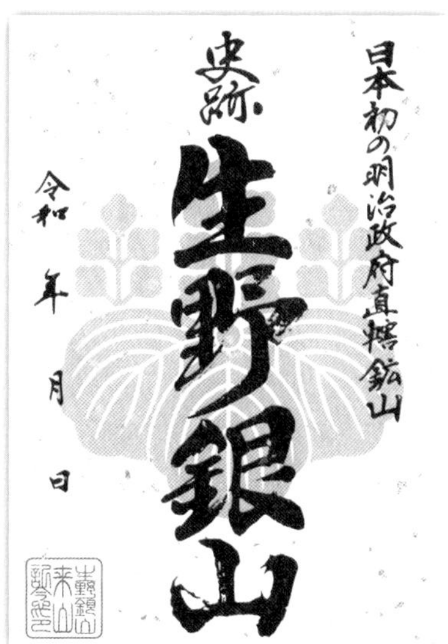

日本遺産認定5周年 御来山印

2017年に日本遺産「播但貫く銀の馬車道鉱石の道」として認定されてから、5周年を記念して発売されている御来山印。明治政府が用いていた「五七の桐」を使用し、朝来市生野町在住の書家・小島真象氏が揮毫している。

史跡・生野銀山 御来山印

生野銀山の御来山記念として販売されている御来山印。徳川家康公の他、但馬守護・山名祐豊、竹田城主・太田垣朝延、織田信長、豊臣秀吉の五種類。

受付時間	備考	問い合わせ先電話番号
9:00～16:00 ※時間外予約あり	授与不可日あり ※InstagramやTELにてお確かめの上、ご来山ください。	079-669-0147
9:00～17:00	※正月期間等繁忙期には受付場所や時間が変更	053-542-0355
4月～10月：9:10～17:20　11月：9:10～16:50 12月～2月：9:40～16:20　3月：9:40～16:50	入場料　大人：1000円、中高生：600円、 小学生：400円、小学生未満：無料 ※団体割引あり	079-679-2010
9:00～17:00		042-362-2130
9:00～17:00 定休日：12月29日～1月3日 ※大河ドラマ館開館期間中は無休	入場料　大人（中学生以上）：300円、 小人（5歳以上）：150円 ※団体割引あり	0564-22-2122
8:00～16:30	寺院内 拝観志納金：500円	0538-42-2121
9:00～17:00	拝観料　大人：500円、小人：200円 ※団体割引あり	054-237-2438
9:00～16:00		0565-58-1623
9:00～17:00		053-452-3001
9:00～17:00（4月～11月）、10:00～16:30（12月～3月） ※入館は閉館の30分前まで。定休日：毎週月曜日（月曜日が休日の場合はその翌日）、休日の翌日、年末年始	入館料　一般：100円、小人：50円 ※団体割引あり	0770-32-0050
インスタグラム等SNSで告知する対応日のみ。 ※それ以外は対応できません。	御朱印帳は一旦お預かりし、後日返却。 ※その場ではお書きしません。	0564-22-6863
8:30～17:00 （お正月、祭事期間は変動あり）		0235-22-8100
9:00～16:00 （3月16日から9月30日は17時まで）		0564-23-2506
9:00～16:30	入場料　大人：360円、小人：120円 ※団体割引あり	054-251-0016
8:30～16:00	拝観料　大人：300円、中高生：200円、 小学生：100円	054-369-0028
9:00～16:30	拝観料　大人：300円、子供：100円 ※団体割引あり	0276-52-2045
8:30～17:00		022-234-3247
–		052-751-0435
9:00～17:00	徳川将軍家墓所： ［開館時間］平日 11:00～15:00、土日祝 10:00～16:00 ［休館日］火曜日 ※火曜日が祝日の場合は開館 ［入場料］一般：500円（税込） ※徳川将軍家墓所拝観共通券：1,000円	03-3432-1431
9:00～16:00	拝観料　大人：500円、小中学生：300円　※団体割引あり	0564-21-3917
9:00～16:00		0564-21-5517
9:00～16:00		086-272-0407
9:00～17:00（本館売店） 9:00～16:30（入場）	入場料　大人：1,000円、小人：500円 ※団体割引あり	0558-98-0800
9:00～16:30	入場料　大人：500円、 名古屋市内高齢者：100円、中学生以下：無料	052-231-1700
9:00～17:00		052-231-4010
4月～10月：8:00～17:00、11月～3月：8:00～16:00 ※拝観受付はいずれも閉門30分前で終了	大人:1,000円、小人:500円（セット券）他、単独券あり	0288-54-0531
4月～10月：9:00～16:30 11月～3月：9:00～15:30	大人・高校生 1,300円、小・中学生 450円 ※団体割引あり	0288-54-0560
9:00～17:00		0288-21-0105
8:30～16:20　定休日：12月29日～31日	入場料　大人：200円（高校生以上）	053-453-3872
9:00～16:00		053-544-7111
10:00～18:00		052-262-0735
9:00～16:00		082-261-2954
5:00～17:00		0566-99-0221
9:00～15:30	天井画拝観料200円（高校生以下無料）	0565-58-1621

	寺社名	住所	アクセス
あ	赤堂観音 蓮華寺	兵庫県養父市大屋町夏梅682	JR「八鹿駅」からバス「栃尾」下車45分、徒歩約1分
	井伊谷宮	静岡県浜松市北区引佐町井伊谷1991-1	JR東海道本線「浜松駅」から北へ20km(車で約50分)
	生野銀山	兵庫県朝来市生野町小野33-5	JR播但線「生野駅」よりバス約8分 「生野銀山口」下車。下車後徒歩約10分
	大國魂神社	東京都府中市宮町3-1	京王線「府中駅」南口より徒歩約5分 JR南武線・武蔵野線「府中本町駅」より徒歩約5分
	岡崎城	愛知県岡崎市康生町561-1	名鉄名古屋本線「東岡崎駅」より徒歩約15分
か	可睡斎	静岡県袋井市久能2915-1	JR東海道本線「袋井駅」よりバスで約12分「可睡斎入口」下車
	久能山東照宮	静岡県静岡市駿河区根古屋390	JR東海道本線「静岡駅」より、しずてつジャストライン日本平線にて終点「日本平ロープウェイ」下車、ロープウェイ乗車(約50分)
	高月院	愛知県豊田市松平町寒ケ入44	名鉄三河線/豊田線「豊田市駅」より、 とよたおいでんバス下山・豊田線大沼行きに乗換え 「松平郷」バス停下車。徒歩約5分
	五社神社諏訪神社	静岡県浜松市中区利町302-5	JR東海道本線「浜松駅」より西へ(徒歩約10分)
さ	佐柿国吉城 (若狭国吉城歴史資料館)	福井県三方郡美浜町佐柿25-2	JR小浜線「美浜駅」より徒歩約30〜40分
	松應寺	愛知県岡崎市松本町42	名鉄バス「能見町」より徒歩約3分
	荘内神社	山形県鶴岡市馬場町4-1	JR羽越本線「鶴岡駅」からバス約8分「鶴岡市役所」下車
	菅生神社	愛知県岡崎市康生町630-1	名鉄名古屋本線「東岡崎駅」より徒歩約10分
	駿府城	静岡県静岡市葵区駿府城公園1-1	JR東海道本線「静岡駅」より徒歩約15分
	清見寺	静岡県静岡市清水区興津清見寺町418-1	JR東海道本線「興津駅」より徒歩約23分
	世良田東照宮	群馬県太田市世良田町3119-1	東武伊勢崎線「世良田駅」より徒歩約20分
	仙台東照宮	宮城県仙台市青葉区東照宮1-6-1	JR仙山線「東照宮駅」下車すぐ
	相応寺	愛知県名古屋市千種区城山町1-47	名古屋市営地下鉄東山線「覚王山駅」2番出口より徒歩約10分
	増上寺	東京都港区芝公園4-7-35	JR線・東京モノレール浜松町駅から徒歩約10分、 都営地下鉄三田線御成門駅から徒歩約3分、 芝公園から徒歩約3分 都営地下鉄浅草線・大江戸線　大門駅から徒歩5分
た	大樹寺	愛知県岡崎市鴨田町広元5-1	愛知環状鉄道「大門駅」より徒歩約10分
	龍城神社	愛知県岡崎市康生町561	名鉄名古屋本線「東岡崎駅」より徒歩約15分
	玉井宮東照宮	岡山県岡山市中区東山1-3-81	岡山電気軌道東山電停より東へ約5分
	土肥金山	静岡県伊豆市土肥2726	伊豆箱根鉄道「修善寺駅」よりバスで 約50分
な	名古屋城	愛知県名古屋市中区本丸1-1	名城線 「名古屋城」 下車 7番出口より徒歩約 5分
	名古屋東照宮	愛知県名古屋市中区丸の内2-3-37	桜通線「丸の内駅」下車4番出口を出て北へ徒歩約5分
	日光山輪王寺	栃木県日光市山内2300	JR日光線「日光駅」よりバスで約10分
	日光東照宮	栃木県日光市山内2301	日光ICから2km
	如来寺	栃木県日光市今市710	東武鉄道「下今市駅」より徒歩約5分
は	浜松城	静岡県浜松市中区元城町100-2	JR東海道本線「浜松駅」よりバス7分または徒歩約15分
	浜松八幡宮	静岡県浜松市中区八幡町2	遠州鉄道西鹿島線「八幡駅」下車徒歩1分
	万松寺	愛知県名古屋市中区大須3-29-12	地下鉄鶴舞線・名城線「上前津駅」8番、12番出口より徒歩3分
	広島東照宮	広島県広島市東区二葉の里2-1-18	JR「広島駅」(新幹線口)より徒歩約8分
	本證寺	愛知県安城市野寺町野寺26	名鉄西尾線「南桜井駅」より徒歩約15分
ま	松平東照宮	愛知県豊田市松平町赤原13	名鉄三河線/豊田線「豊田市駅」より、とよたおいでんバス下山・豊田線大沼行きに乗換え「松平郷」バス停下車。徒歩約3分

スタッフ
企画・構成・編集／浅井貴仁（ヱディットリアル株式會社）
執筆協力／向 千鶴子、泉ゆり子、銀 璃子、後藤宥和、中村晴美（アーク）
デザイン／田中宏幸（田中図案室）

「徳川」御朱印ガイド
家康ゆかりの地と人でめぐる天下統一の足跡

2023年3月30日　　第1版・第1刷発行

著　者　「徳川」御朱印ガイド編集室（とくがわごしゅいんがいどへんしゅうしつ）
発行者　株式会社メイツユニバーサルコンテンツ
代表者　大羽　孝志
〒102-0093 東京都千代田区平河町一丁目1-8
印　刷　株式会社厚徳社

◎『メイツ出版』は当社の商標です。

ご意見・ご感想はホームページから承っております。
ウェブサイト　https://www.mates-publishing.co.jp/

編集長：堀明研斗　企画担当：堀明研斗